大学生劳动教育
与创新实践路径研究

彭佳媛 ◎ 著

吉林出版集团股份有限公司

图书在版编目（CIP）数据

大学生劳动教育与创新实践路径研究 / 彭佳媛著
. — 长春：吉林出版集团股份有限公司，2023.5
ISBN 978-7-5731-3205-5

Ⅰ．①大… Ⅱ．①彭… Ⅲ．①大学生－劳动教育－研
究 Ⅳ．①G40-015

中国国家版本馆 CIP 数据核字（2023）第 072712 号

大学生劳动教育与创新实践路径研究

著　者	彭佳媛	
责任编辑	滕　林	
封面设计	林　吉	
开　本	787mm×1092mm	1/16
字　数	310 千	
印　张	13	
版　次	2023 年 5 月第 1 版	
印　次	2023 年 5 月第 1 次印刷	
出版发行	吉林出版集团股份有限公司	
电　话	总编办：010-63109269	
	发行部：010-63109269	
印　刷	廊坊市广阳区九洲印刷厂	

ISBN 978-7-5731-3205-5　　　　　　　　　　定价：78.00 元

前　言

　　新时代劳动教育有效地结合了生产劳动本质与马克思主义劳动观，并在此基础上进行创新。人的独立性和自主性是独立人格的体现，同时也表现在处理问题上的思考方式和解决方式之上，只有具备了这种条件，一个人才能够在社会中获得一席之地，而这种自强自立的态度必须通过劳动来实现。大学生群体是劳动者群体的"接班人"，承载着民族复兴的重任，如果缺乏良好的劳动素养，那么这一群体只能在时代的洪流中迷失方向。新时代劳动教育要更加注重劳动体验和劳动在人格与品德塑造发挥的重要性。事实上，目前只有为数不多的高校把劳动教育纳入常规教育教学规划，并根据计划制定了具体的劳动教育方案和教育准则，但一些高校认为劳动教育通过社会实践的方式就可以达到目的，甚至将其窄化为劳动思想道德教育或劳动技术教育等形式。

　　高校劳动教育发展至新时代，其育人功能逐渐增强，然而目前高校劳动教育实践仍存在发展受阻的现实困境，即社会发展对高校劳动教育的高需求与高校劳动教育效果的弱供给相矛盾，这为研究提供了突破口。然而，高校劳动教育无论历史如何变迁，仍然保持着自身独特的价值，开展高校劳动教育的研究十分必要。与此同时，高校劳动教育相关政策的颁布也为研究提供了强大的推动力。

　　本书针对大学生劳动教育与创新实践进行详细的分析和研究，主要内容包括大学生劳动教育概述、大学生劳动教育的主要内容、大学生劳动教育观念建设、大学生劳动教育的精神谱系、高校开设劳动教育课程的基本要求、学校劳动教育与实践、大学生勤工助学劳动教育与实践以及新时代大学生劳动教育的实施路径等内容。

本书引用了很多已有成果，在此一并表示感谢。期待着从事思想政治理论课的教师发扬马克思主义与时俱进的精神，结合师生思想实际和劳动教育实际，及时吸收最新理论成果，不断深化大学生劳动教育的成效。限于本人学识能力，本书一定有不少不成熟的地方，竭诚欢迎广大师生、学者对本书不足之处提出批评意见，以便进一步修订和完善。本书在撰写过程中，得到了很多专家学者、恩师同行的大力支持，也得到了家人朋友的真诚鼓励，在此深表谢意。

彭佳媛

2023 年 5 月

目　录

第一章　大学生劳动教育概述

第一节　大学生劳动教育现状

大学生是建设中国特色社会主义的中坚力量，这一群体的思想观念和价值取向一定程度上决定着未来社会发展的进程。社会的物质文明与精神文明都需要劳动来创造，所以，劳动观教育至关重要。当前，大学生劳动观教育普遍存在观念过于功利化、内容和形式不适应时代需求、缺乏完善的教育体系等问题。为此，可以采取以下措施进行改善：第一，提高高校和大学生对劳动观教育重要性的认识；第二，教育内容和形式要贴近学生实际情况；第三，构建完善的劳动观教育体系。

党和国家十分重视培养学生的劳动观，通过学校教育、思想宣传等方式来树立学生正确的劳动观。在新时代下，我国对外面临着激烈的国际竞争，对内有实现中华民族伟大复兴的历史使命。在这样的背景下，让大学生树立正确的劳动观有着重要的现实意义。

一、当代大学生劳动观教育的意义

（一）有利于大学生健康成长

大学生知识的积累不仅来自课堂教育，也来自劳动实践。劳动促进大学生全面发展，塑造其独立的思想，提高其适应社会的能力。当前的大学生群体有着诸多特点：首先是成长于互联网时代。一方面，互联网使信息的生产和传播的门槛降低，信息量骤增，学生在成长过程中受到各种类型的信息尤其是负面信息的影响，容易产生不正确的价值观。另一方面，互联网的便捷也使这一群体产生了"宅"文化，对劳动有一定的抵触心理。其次是大多为独生子女，由于学业繁重等客观因素，以及家人溺爱等主观因素，他们当中一些人生活能力较差，缺乏独立能力，对劳动有着错误的认识。这些因素导致部分大学生存在贪图享乐、铺张浪费、缺少艰苦奋斗精神等问题，影响了其健康成长。高校科学的劳动观教育可以改变大学生对劳动的错误认知，培养其对劳动的热爱之情，帮助其增强奋斗精神。

（二）有利于大学生树立正确的就业观

由于错误的劳动观的影响，少数大学生的就业态度存在问题。部分大学生对体力劳动较为抵触。同时，部分大学生不愿从基层做起，而更希望直接成为管理者。正确的劳动观教育可以使学生认识到工作没有高低贵贱之分，社会化的劳动分工是市场的需求，只有通过不同的劳动内容进行交换与合作，才能构建高效的社会劳动体系。

创业需要具有勇于探索、敢于创新、屡败屡战的奋斗精神。科学的劳动观教育可以使大学生对创业的困难和所需的艰苦劳动有正确的认识，通过积极和创新的劳动去解决创业中遇到的问题，提升创业成功率。

（三）有利于大学生参与到中国特色社会主义建设事业中

大学生是未来社会劳动的主力军，是建设中国特色社会主义的中坚力量。然而，少数大学生对劳动的理解过于片面，不愿主动参与到社会建设的劳动中，缺乏合作和奉献精神，与中国特色社会主义建设事业的要求不符。科学的劳动观教育可以让大学生理解劳动对社会的价值，一方面使大学生发自内心地尊重劳动人民和别人的劳动成果，培养积极的劳动观念，提升自身的使命感；另一方面可以提高大学生参与劳动的主动性，让学生从劳动中提升自身能力，以更高的能力和更强的意愿参与到中国特色社会主义建设事业中。

二、大学生劳动观教育的现状分析

（一）劳动观趋于功利化

随着市场经济的繁荣以及国内外信息交流的频繁，一些大学生受到不良思想的影响，形成了功利化的劳动观，认为劳动的唯一目的是获得经济利益，没有将劳动的价值升华到帮助他人、服务社会的崇高理念上。同时，盲目羡慕高收入的奢侈生活，导致内心浮躁，妄想不劳而获。长此以往，学生和社会的发展都会受到阻碍。

（二）劳动观教育的内容和形式缺乏时代性

几十年来，我国处于高速发展的时期，社会、文化等方面的变化也随之加快，原来以十年为一代人的观念有所缩减，这是人群特征变化加速的表现。然而，高校劳动观教育的内容和形式缺少相应的变化，仍是以课堂教育为主，多为理论知识的传授，对互联网、新媒体等新技术运用不够，趣味性和实践性不强，无法适应新时代的需求和大学生的偏好，导致课程内容乏味、形式死板，大学生的接受程度不高。

（三）缺乏完善的教育体系

当前，大学生劳动观教育的体系还不够完善，在观念、管理、制度等方面还有改进的空间。

观念上，当前的高校教学仍然以理论知识传授为主，形式主要为课堂教学，对劳动观教育和劳动实践不够重视，其根源在于一些高校缺乏对大学生劳动观教育重要性的认识，导致对劳动观教育的课程设置较少，无法使学生得到实质性的提升。同时，高校劳动观教育在师资、资金等方面得不到有力的支持，教师多为其他课程教师或辅导员，少数教师没有接受过专业的劳动观教育培训，对理论知识和授课方式没有深入地研究，导致教学效果差。劳动观教育需要开展大量的实践活动，要有一定的资金支持。缺乏资金导致劳动实践教育流于形式，使大学生丧失接受劳动教育和进行劳动实践的积极性。

管理上，当前高校的劳动观教育缺乏完善的管理制度，一些高校没有设立专门的管理机构进行统筹规划，导致缺乏固定的组织部门对该方面的事务进行管理，同时缺乏专业的人员进行具体管理，导致劳动观教育无法系统地、持续地进行。

制度上，高校劳动观教育缺乏从教学计划到考评机制的制度体系，尤其是在考评机制方面，一方面缺乏对劳动观教育质量的考评，另一方面缺乏对大学生劳动观教育成果的考评，导致大学生对劳动观教育的重视程度不足。

三、加强大学生劳动观教育的对策建议

（一）提高高校和大学生对劳动观教育重要性的认识

教育与劳动相结合是我国重要的教育方针之一。高校需要转变传统观念，认识到劳动观教育的重要性，探索出一条培养综合性人才的道路。劳动观教育对提高大学生个人素质、就业能力，以及促进社会健康发展、推动中国特色社会主义建设等有着重要作用。高校应当积极实施劳动观教育，将其融入整个教育体系，重视对该方面的理论研究，并与实践相结合，使其成为高校教育不可或缺的部分。

对于大学生而言，首先要认识到劳动观教育对自身发展的重要性。在就业压力日趋增加的当前，胜任工作的能力要求也随之提高，大学生不能仅仅停留在对理论知识的学习上，还要通过积极参与劳动来提升自身的实践能力，培养艰苦奋斗的精神，这样才能在工作中脚踏实地、不屈不挠，更好地胜任工作，完成工作任务。其次要认识到科学的劳动观对社会发展的重要性。一名合格的大学生不仅应具备综合性的个人素养，还应该有崇高的理想和正确的价值观，明确自己所肩

负的社会责任和国家使命。理想的实现需要进行艰苦卓绝的劳动，而为社会做出贡献的劳动过程也是自身能力得到提升、价值得以体现的过程。

（二）教育内容和形式要贴近学生实际情况

新时代，高校的劳动观教育要以大学生为中心，劳动观教育的内容和形式应当符合当代大学生的实际情况和需求，以兴趣为出发点，提升劳动对大学生的吸引力，促进大学生全面发展。首先，要针对每一代大学生的特点设计不同的教育方案，从大学生所处时代的群体特征、成长背景、心理特质等方面入手，采用符合互联网时代特征的教育内容，通过多样化的方式，培养大学生对劳动的兴趣。其次，要解决大学生实际遇到的问题。劳动教育有一定的差异，不同的学生在劳动实践中遇到的问题也有很大差别。劳动观教育应当考虑到这一差异，安排教师进行有针对性的辅导，切实解决大学生实际遇到的问题，使劳动观教育取得实效。

在科学技术快速发展的时代背景下，传统的劳动观已无法适应当前的社会发展需求，创新实践成为劳动的新主题，也成为一个国家在世界体系中保持核心竞争力的关键。因此，在培养大学生时应当注重劳动的创新性。大学生正处于充满活力、创新能力强的人生阶段，具有敢于创新、渴望创新的特点。因此，高校劳动观教育的内容应当结合创新理念，以国家倡导的"理论创新、制度创新、科技创新、文化创新"为核心，在教育过程中通过劳动激发大学生的创新思维，培养大学生的创新劳动观念，提高大学生将想法转化为创新，再转化为成果的能力，突显大学生劳动观教育的时代性。

（三）构建完善的劳动观教育体系

大学生的劳动观教育还需要进行包括方法、组织、管理制度等在内的多元体系建设，需要形成完善的教育体系。

方法上，应当把理论与实践结合起来。劳动本身就是一种实践活动，如果过于偏重理论教育，就难以有效进行劳动观教育。因此，向大学生阐述劳动的意义和最新研究成果的同时，应该加入一定的实践活动。一方面要使学生领会劳动观的精神内核，从思想上发生转变；另一方面要让学生在实践中运用所学的知识，并从实践中总结经验，使理论内化为自身的价值观和行为准则，从而做到内在与外在的统一。

组织上，高校应当设立专门的劳动观教育部门，全方位地管理劳动观教育的教学、考评、师资、科研、资金等，从而使大学生劳动观教育工作制度化、常态化。该部门的主要工作是培养一批专业教师，并且进行深入的劳动观教育研究，使教育内容和形式符合时代的需求。同时，保障教育体系所需的人力、物力和财力，使劳动观教育可以长期有序地进行。

制度上，首先，要健全考评机制。考评机制不仅可以对学生学习成果进行评价，也可以使学生更加重视劳动观教育。健全的考评机制可以调动学生参与学习的积极性，使教师及时发现学生的问题，并提出有针对性的解决方案。同时，教师也可以通过考评结果进行反思，不断优化教学内容和方法，始终保持教学的科学性和适用性。

其次，要建立大学生劳动观的应用制度，即通过与企业、公益组织等机构合作，使学生的劳动观有实践的场所，让大学生认识到劳动观教育并非空泛的教育，而是有实际作用的，可以解决其最关心的工作等问题，以提升学生学习的兴趣和积极性。

第二节　大学生劳动教育价值意蕴

大学生担负着实现中华民族伟大复兴中国梦的新时代使命，急需劳动教育的奠基。关于劳动创造性价值、劳动正义、教育与生产相结合的理论旨趣，从奠基中国梦、完善教育体系、打造时代新人三个层面阐释劳动教育的时代价值，澄明劳动教育含括创设劳动环境、厚植劳动审美力的人文意蕴，是具有新时代意义的重要课题。

劳动是人类的本质特征，是创造社会物质财富和精神财富的根源，是推动社会进步的根本力量。反观现实，当前的大学生劳动教育存在着被软化、弱化、淡化等困境，更面临消费主义、娱乐主义等意识形态的侵蚀，阐明大学生劳动教育的理论基因，厘析劳动教育的价值意蕴，成为我们亟待解决的新课题。

一、大学生劳动教育的时代价值

大学生肩负实现中华民族伟大复兴中国梦的历史使命，新时代大学生劳动教育关涉中国特色社会主义教育体系的完善和形塑时代新人的未来指向。

首先，劳动教育奠基中国梦。尤瓦尔·赫拉利指出："几十年前，中国还是粮食短缺的代名词，1974 年第一次世界粮食大会上专家断言中国绝无可能养活 10 亿人口，但中国创造了史上最大的一个经济奇迹。"[①] 这是一代代人民群众用辛勤劳动、诚实劳动、创造性劳动创造的奇迹。

劳动的总体性是社会经济系统的有机组成部分。任何个人都不能自给自足，他所需要的一切都来自社会，必须为社会而劳动。新时代大学生是实现中华民族伟大复兴中国梦的接班人，必须深化正确的劳动价值观。

其次，劳动教育完善育人体系。新时代中国特色社会主义教育性质决定了培养有劳动素养的时代新人是中国教育的价值旨归之一。劳动教育是中国特色社会主义教育制度的重要组成部分，也关系高校培养什么人、如何培养人以及为谁培养人的根本问题。加强大学生劳动教育是要引导大学生充分认识劳动的价值，深刻理解劳动教育的内涵，培养热爱劳动、尊重劳动者、珍惜劳动成果的情感态度，塑造诚实劳动的优良品德，养成勤于劳动的自觉习惯，涵养创造劳动的青春气魄。从毛泽东 1957 年提出的德智体全面发展到党的十六大提出的德智体美全面发展，再到习近平总书记提出的德智体美劳全面发展的教育体系。我国劳动教育经历了曲折的发展历程，当前，劳动教育缺位成为严峻现实。一方面，在对物的依赖性

---

① （以）尤瓦尔·赫拉利著 . 未来简史·人类简史 [M]. 北京：中信出版社，2017.03.

基础上的"人的独立性"一定程度上催化了个人主义的产生，使人们缺乏对自身与社会责任关系的自觉意识和自愿履行，造成社会责任感式微的现代性困境。我国大学生出现了一些轻视劳动、不珍惜劳动成果的现象，应引起高度重视。另一方面，大学生受西方意识形态的裹挟，容易导致"泛娱乐化"的集体性"缺钙"，给大学生的价值观培育带来了严峻挑战。因此，有目的、有计划地组织大学生参加生产劳动和服务性劳动，有利于提高大学生就业择业、适应社会的能力，有利于形成更高水平的人才培养体系，有利于培养德智体美劳全面发展的新时代人才，加快推进教育现代化、建设教育强国。

最后，劳动教育打造时代新人。马卡连柯指出，劳动是教育体系中基本的因素，苏霍姆林斯基也强调离开劳动就不可能产生真正的教育。劳动教育的核心是劳动价值观教育，劳动价值观直接影响着大学生走上就业岗位后的就业取向、社会责任。目前，青年大学生群体中出现了"佛系"和"伪奋斗"现象，出现了"只想出彩，不想出力"的错误思想，以及"三天打鱼两天晒网"的浮躁劳动方式。对此，应培育大学生的劳动精神，使他们始终保持锐意进取、奋发有为的精神状态。通过劳动教育增进大学生对劳动"四最"的价值认知，厚植崇尚劳动、尊重劳动的情怀，养成辛勤、诚实、创新劳动的习惯。

在我国劳动教育的历史进程中，学工、学农、学军在几代人心中留下了不可磨灭的印象，"劳动光荣，浪费可耻，不劳动者不得食"延续了中华民族勤劳奋斗的优良传统。随着社会跃迁，劳动教育有所弱化、淡化、畸化，在部分大学生中存在"不爱劳动、不会劳动、不珍惜劳动成果、不尊重底层劳动者"等现象，长此以往，可能引发重要社会问题，阻碍社会主义事业的永续发展和中华民族的伟大复兴。新时代党和国家把劳动教育纳入人才培养全过程，积极引导大学生做懂劳动、会劳动、爱劳动的时代新人。伴随生产力的发展和社会的进步，产业门类多元化、社会分工细化、劳动样态复杂化，既为大学生施展才华提供了广阔的空间，也对全面提高大学生的劳动素质提出了更高要求，只有练就过硬本领，成为知识型、技能型、创新型的高素质劳动者，才能担当起社会主义建设重任。

二、大学生劳动教育的人文价值

"培养德智体美劳全面发展的社会主义建设者和接班人"是劳动教育理论的最新成果，是对新时代育人规律认识的不断深化，不仅具有鲜明的时代价值，更含括丰厚的人文价值意蕴。

（一）创设劳动氛围，焕发个体劳动热情

大学生劳动理性的确立离不开理论的灌输与环体的营造，创设正能量的劳动环境，激发大学生对劳动的热情，是劳动教育的重要人文价值所在。这种浸润式的教育可以创新劳动话语传播、讲好劳动故事为抓手。一方面，契合大学生个性特点和时代需求，凝练劳动话语表达，创设积极向上的劳动氛围，是激发劳动实践内生动力的重要途径。当前，"佛系""打 CALL""996"等已成为新时代大学生交流沟通时乐于使用的高频词。因此，对大学生进行劳动教育和引导，唯有创新才能更有效地传递主流声音。我国具有优良的思想政治教育传统，也建立起了一套具有中国特色的话语系统。新民主主义革命时期，毛泽东强调我们的方针要放在自己力量的基点上，从此"自力更生""艰苦奋斗"就成为中国共产党和中国人民的特色话语表达。井冈山精神、长征精神、延安精神等充分体现了共产党人身上的劳动精神。在建设时期，大庆精神、"两弹一星"精神、载人航天精神等，极大汇聚了人民群众的劳动向心力。改革开放以来，凝铸了更多积极奋进、精练昂然的话语表达，如"天道酬勤、力耕不欺""天上不会掉馅饼""空谈误国，实干兴邦""人间万事出艰辛"[1] 等，习近平总书记深刻指出"人世间的一切幸福都需要靠辛勤的劳动来创造"[2]，强调了劳动对于实现个人梦想和民族伟大复兴的重要性，"撸起袖子加油干"鼓舞人心、凝聚力量，"幸福都是奋斗出来的，奋斗本

① 　张福友著 . 长白山诗词选 [M]. 长春：文艺出版社 ,2018.
② 　人民对美好生活的向往就是我们的奋斗目标 人世间的一切幸福都需要靠辛勤的劳动来创造 [J]. 奋斗 ,2022,(第 6 期)：2, 1.

身就是一种幸福"① 更是把劳动与幸福辩证地联系起来。劳动话语的凝练与传播，可营造正能量的劳动教育氛围，让劳动最光荣、最崇高、最伟大、最美丽的观念深入人心。

另一方面，在讲好劳动故事中锻造劳动精神。讲好故事是一种重要的软实力，谁会讲故事，谁就拥有话语权。抗日战争时期南泥湾艰苦奋斗、自力更生的故事；社会主义建设时期雷锋全心全意为人民服务的故事；大庆油田王进喜的"铁人"故事等激励着青年学子；黄继光、焦裕禄、孔繁森、张富清等"新中国最美奋斗者"的先进事迹，是亿万中国人民筚路蓝缕、艰苦卓绝奋斗史的真实写照。在抗击新冠疫情的战役中，涌现了许多生动的劳动者形象：风华正茂的护士，分秒必争的火神山医院电焊工人，千里驰援的医疗队，夜以继日的机械师，迎难而卜的志愿者……一个个生动的劳动者故事书写着新时代劳动者的使命和担当，汇聚成鲜活的大学生劳动教育养分，激发大学生的劳动热情。

（二）提升劳动审美力，旨在成就美好生活

劳动理性和人文情怀的确立，归根结底要回归到提升大学生的劳动审美力，为通往内在的美好生活提供丰厚的滋养。发掘劳动散发的艺术之美，提高对劳动的审美力，是新时代大学生劳动教育的重要人文意涵。激发劳动中内蕴的 "采菊东篱下，悠然见南山"② 的田园之美；"谁知盘中餐，粒粒皆辛苦"③ 的感恩之美；"采采芣苢，薄言采之，采采芣苢，薄言有之，采采芣苢，薄言掇之，采采芣苢，薄言捋之，采采芣苢，薄言袺之，采采芣苢，薄言襭之"④ 的诗性之美；"大儿锄豆溪东，中儿正织鸡笼，最喜小儿亡赖，溪头卧剥莲蓬"⑤ 的童趣之美；"诗意地栖居"⑥ 的悟性之美等，是更深沉、更持久的劳动美学滋养。构建劳动话语、讲好劳动故事，

---

① 张建云 . 为什么幸福是奋斗出来的 ?[J]. 红旗文稿 ,2018,(第 21 期)：27-28.
② （晋）陶渊明著；杨义，邵宁宁注评 . 陶渊明诗文选集 [M]. 武汉：长江文艺出版社，2019.06：100.
③ 诸葛忆兵著 . 唐诗解读 [M]. 哈尔滨：北方文艺出版社 ,2019.09：296.
④ 刘晓光 . 诗经 [M]. 江苏凤凰少年儿童出版社 ,2022.06：10.
⑤ （宋）辛弃疾著；东篱子编译 . 辛弃疾词全鉴 典藏版 [M]. 北京 : 中国纺织出版社 ,2020.05：6.
⑥ 海德格尔著；郜元宝译 . 人，诗意地栖居 超译海德格尔 [M]. 北京时代华文书局 ,2017.06.

旨在激发劳动正能量；提高劳动审美判断力，旨在生成持久、深层的力量，实现自由自觉的劳动。

在中国特色社会主义进入新时代的历史方位上，探寻大学生劳动教育的劳动观理论渊源，是大学生劳动教育的始发点；阐明劳动教育的时代价值，是大学生劳动教育的牵引器；挖掘劳动教育的人文价值，是大学生劳动教育的营养剂，旨在深耕厚植新时代大学生劳动价值观，养成大学生自由自觉的劳动习惯，培养德智体美劳全面发展的新时代建设者，成就美好生活的见证者和创造者。

第三节　大学生劳动教育四个维度

大学生是高素质劳动者的重要来源，然而当前一些大学生与劳动渐行渐远，缺乏劳动意识"不想劳动"、缺乏劳动本领"不会劳动"。劳动教育具有树德、增智、强体、育美的综合育人价值，应不断加强大学生劳动教育，提升大学生劳动本领、培养大学生劳动精神，为实现中华民族伟大复兴提供强大人才支撑。

劳动教育是国民教育体系中的重要内容，是学生成长的必要途径，具有树德、增智、强体、育美的综合育人价值。劳动教育包括劳动知识和技能、劳动态度、劳动习惯、劳动道德等教育内容，加强大学生劳动教育可从理论、历史、实践、未来四个维度来理解和把握。

一、理论层面：增加大学生劳动教育的理论厚度

中华优秀传统文化对劳动和劳动人民的赞美是中华民族热爱劳动的生动体现。"民生在勤，勤则不匮"[①]揭示了勤劳就不会缺衣少食的朴素道理；"锄禾日当午，汗滴禾下土"[②]"乡村四月闲人少，才了蚕桑又插田"[③]直观地表达出劳动人民

[①]（春秋）左丘明撰；（晋）杜预集解；李梦生整理.春秋左传集解 上[M].南京：凤凰出版社，2020.03：304.

[②]诸葛忆兵著.唐诗解读[M].哈尔滨：北方文艺出版社，2019.09：296.

[③]琬如编著.飞花令里读诗词 风暖鸟声碎[M].成都：四川人民出版社，2018.10：126.

的辛苦与勤劳，"童孙未解供耕织，也傍桑阴学种瓜"① "大儿锄豆溪东，中儿正织鸡笼"②描绘出言传身教开展家庭劳动教育的情形。文化反映现实，也指引现实。在文化的指引下，中华民族的劳动精神和劳动传统代代相传，生生不息。中华优秀传统文化中的劳动观点在新的时代条件下得到创造性转化和创新性发展。"劳动最光荣、劳动最崇高、劳动最伟大、劳动最美丽"的劳动观念、"人类是劳动创造的，社会是劳动创造的"③的劳动价值、"辛勤劳动、诚实劳动、创造性劳动"的劳动教育深入人心，这些都是开展大学生劳动教育的重要素材和资源。

二、历史角度：总结我国大学生劳动教育的宝贵经验

中华民族是热爱劳动的民族，中国人民是勤劳的劳动人民。中国人民用劳动创造了厚重的中华历史和灿烂的中华文化。回望历史，万里长城、都江堰、大运河、兵马俑、四大发明，一个个彪炳史册的中国奇迹都蕴含着劳动人民的智慧和汗水。在当代，无数劳动者投身祖国建设大潮，从经济特区建设到西部大开发、东北老工业基地振兴，从一部分人先富起来到全面建成小康社会，中国人民用劳动使中国的面貌焕然一新。一批批优秀的劳动者虽然所处时代不同、岗位不同，但是他们身上所展现出来的"爱岗敬业、争创一流、艰苦奋斗、勇于创新、淡泊名利、甘于奉献"④的劳模精神绽放着同样的光彩。重视劳动和劳动人民，是我们回顾历史得出的重要经验，重视宣传劳模和劳模精神，成为新时代劳动教育的重要途径之一。

中国共产党领导中国革命、建设和改革走过近百年光辉历程，带领全国人民努力用劳动实现国家富强、民族振兴、人民幸福。革命时期中国共产党对劳动的

---

① 屈春山，李启仁选注．古今名诗选读 [M]．郑州：河南人民出版社，1981.07：63.

② （宋）辛弃疾著；东篱子编译．辛弃疾词全鉴 典藏版 [M]．北京：中国纺织出版社，2020.05：6

③ 习近平：《在知识分子、劳动模范、青年代表座谈会上的讲话》，《人民日报》2016 年 4 月 27 日第一版．

④ 习近平．在全国劳动模范和先进工作者表彰大会上的讲话 [J]．党建．2020（12）：4-7.

重视主要集中在农业生产上，在"自己动手，丰衣足食"①和"人民军队既是生产队又是战斗队"②等观点指引下，人民群众积极投身劳动生产，为革命胜利提供了重要物质基础。新中国成立后，中国共产党对劳动的重视拓展到社会生产各领域，促进了国民经济的发展。"不论脑力劳动还是体力劳动，都是劳动"③"科学技术叫生产力，科技人员就是劳动者"④，进一步明晰劳动和劳动者的范畴，极大调动了知识分子参与劳动的积极性。中国共产党之所以如此重视劳动和劳动人民，不仅是阶级属性、革命初心、奋斗使命使然，而且也是从党的成长历程中切身总结出的历史经验。

三、现实维度：把握新时代加强大学生劳动教育的必要性

社会实践、志愿服务、科技活动、生产实践等形式扩展了大学生参加劳动的范畴，然而由于生活环境、家庭教育、社会氛围等多方面影响，一些大学生与劳动渐行渐远，处于"说起来重要，做起来不要"的尴尬境地。主要表现在：首先，缺乏正确认知，即"看不起劳动"，鄙视劳动尤其是体力劳动，认为参加劳动低人一等，一些学生在"学习"挡箭牌遮掩下，只参加必须参加的实习和实践，对其他劳动敬而远之。其次，缺乏劳动意识，即"不想劳动"，较之父辈极大改善的物质生活条件，使很多大学生对"劳动创造财富""劳动创造美好生活"缺乏直观感受和切身体会，不仅不主动参与家庭劳动、学校劳动和社会劳动，甚至毕业之后仍想不劳而获，出现了"啃老"现象，这无疑与应试教育主导、劳动教育缺位密切相关。最后，缺乏劳动本领，即"不会劳动"，平时参与劳动少、劳动技能锻炼不足。纵观一个人的受教育经历，劳动教育呈现出从低到高逐渐弱化的趋势，作为与社会直接衔接的高等教育阶段，学生所参与的劳动特别是体力劳动往往最少。

①　自己动手丰衣足食：解放区大生产运动 [J]. 东北画报 ,1946,(第 3 期) : 19-21.
②　胡荣贵 . 增产节约 , 支援社会主义建设 [J]. 创造 ,1959,(第 8 期) : 8-11.
③　杨兰英 . 论毛泽东的劳动观 [J]. 湖南师范大学社会科学学报 ,2009,(第 3 期) : 87-89.
④　吕企信 . 试论邓小平科技思想与科教兴国战略 [J]. 实事求是 ,1998,(第 6 期) : 20-22.

伴随着意识形态领域的交融交锋，享乐主义、拜金主义、功利主义、泛娱乐化等各种负面思潮和舆论不断侵蚀校园，对学生造成一定影响。一方面，冲击大学生思想观念，赞同"人生苦短，及时行乐""人为财死，鸟为食亡""生死有命，富贵在天"等消极人生观的学生占有一定比例；另一方面，消蚀学生对劳动的认同。对劳动认同的不足也导致部分学生盲目追求不切实际和超越自身经济条件的物质享受，"校园贷"的一时盛行就是一种典型表现。

四、未来向度：凝聚民族复兴的人才合力

从国家层面讲，加强大学生劳动教育是实现中华民族伟大复兴中国梦的现实需要。劳动创造了中国历史，也必将造就中国未来。当前，我国正从制造大国向制造强国迈进，从"中国制造"向"中国智造"转型，并将在21世纪中叶建成富强民主文明和谐美丽的社会主义现代化强国，这意味着未来的劳动者不仅要掌握一定的劳动技能，还应该有知识、懂技术、擅创新，具有精益求精、追求卓越的工匠精神。我国实施科教兴国战略、人才强国战略，正是要培养知识型、技术型、创新型、奉献型的高素质劳动者大军。大学生是未来高素质劳动者的重要来源，加强劳动教育，锻炼劳动本领，培养劳动精神，才能真正凝聚起强大的人才力量。

从个体层面讲，加强大学生劳动教育是实现学生个人全面发展的需要。德智体美劳不仅是对教育体系的顶层设计，也是学生个人全面发展的框架支撑，其中劳动教育有其自身的价值意蕴。一方面，加强劳动教育，不仅是为了让学生体味艰辛、强健体魄，更在于让学生在劳动中接受锤炼，进而养成良好的劳动习惯和正确的劳动观念；另一方面，劳动教育与德智体美教育密不可分，它既是学生成长的重要途径，又是德智体美教育的重要载体。

从德智体"三育"到德智体美"四育"再到德智体美劳"五育"，教育体系的变化中蕴含着中国共产党在实践中对人才素质要求的探索。党的要求就是育人

的方向。加强新时代大学生劳动教育，培养全面发展的社会主义劳动者，才能在未来竞争中取得先机，为实现中华民族伟大复兴提供强大的人才支撑。

第四节　大学生劳动教育的意义

劳动教育作为全面发展教育的组成部分，是高等教育培养全面发展的高素质专门人才的重要途径。劳动本身具有教育价值，劳动教育是促进大学生全面发展，落实立德树人根本任务，提高本科教育质量的要求。重视大学生劳动教育是我国传统和现实的需要，是校企协同育人实践的共识，一些高校已形成可资借鉴的劳动教育特色。新时代加强大学生劳动教育，需要切实形成正确的劳动观，完善劳动教育制度设计，重视学校劳动文化建设，组织学生参加劳动实践。

一、问题的提出

高等教育肩负着培养高素质专门人才的重要使命，也是国家发展水平和发展潜力的重要标志。我国社会主义建设进入了新时代，高等教育能够为建成社会主义现代化强国，实现中华民族伟大复兴提供强大的人才支撑和智力支持。当前我国高等教育正从规模扩张发展向内涵质量提升转型，高等教育事业需要持续得到巩固和加强。人的劳动及其成果是一个人贡献大小及其个体价值的体现，也是其发展的基础，劳动教育对人的发展具有极其重要的意义，对大学生尤其如此。一段时间以来，不少大学存在着学习难度低轻松毕业、"扫地换学分"、违纪惩罚打扫卫生、环境卫生外包家政服务公司等轻视劳动现象，部分学生存在"啃老"、寄希望一夜暴富、好逸恶劳、争抢骗助学资源等回避劳动的现象，劳动教育被边缘化甚至"空无"化，这对高等学校全面提高人才培养能力提出了严峻的挑战，也对新时代高等教育培养德智体美劳全面发展的社会主义建设者和接班人产生了明显的消极影响。因此，大学生强化劳动教育是一个值得研究的问题。

二、新时代大学生劳动教育的必要性

（一）劳动本身具有极其重要的教育价值

大学生是未来的劳动力，劳动锻炼是提升其劳动力水平的必然选择。劳动是人类创造物质或精神财富的活动，其本质是人类自我发展的确证。劳动是人类创造物质或精神财富的活动，有体力的，也有脑力的。人在劳动中手、脑并用，将知行与物的使用、加工、改造合一，促进了个人知识和能力的发展；同时，人与人在劳动过程中或劳动之余开展生产技能、技术、知识、道德规范、习惯礼俗、人际关系等经验传递活动，劳动者之间因经验传递既是教育者，又是受教育者，彼此增进了知识和技能，影响着彼此的思想观念；因为劳动包括交往活动，交往是人与人的相互作用，总包含着内容并借助一定的媒体，双方形成一种以传递经验、影响人的身心为直接目的的活动，交往蕴含教育。人为了满足自身及周围人的需要，用自身的劳动引发、调整和控制其与自然、社会以及人之间的关系以完成劳动过程，在劳动中要综合运用体力和脑力形成劳动能力。人要获得劳动能力，就"要改变一般的人的本性，使它获得一定劳动部门的技能和技巧，成为发达的和专门的劳动力，就要有一定的教育或训练"。[①] 劳动具有道德价值，人在劳动中结成社会关系，提高社会道德，古今中外皆赞美和肯定辛勤劳动，痛恨和鞭挞不劳而获，将劳动作为道义，将勤劳视为美德。劳动具有智育价值，人需要获得知识经验，掌握生产技能以具备一定的劳动能力，这是劳动力生产；同时，人还需要恢复和提升劳动能力（劳动力再生产）以适应不断发展的社会生产，教育就是实现以上的劳动力生产和再生产的重要手段。人的知识、技能、态度及价值观的形成和发展，主要通过教育或劳动训练来实现，即将人从可能的劳动力转化为现实的劳动力。劳动也具有强健体魄的功能，参加劳动对人的骨骼发育、运动速度、体力耐力以及身体的灵敏度和柔韧性等都有促进作用。劳动还是产生一切美的源

---

① 《马克思恩格斯全集》第 23 卷. 人民出版社 .1972：195.

泉，是防止一切社会病毒的伟大的消毒剂，对提高人的感受美、理解美、鉴赏美及创造美的能力都具有重要价值。"劳动不仅是谋生的手段，更是通向客观世界与主观世界的媒介，也是实现人性至美至善、彻底自由的必由之路。"

（二）劳动教育是促进大学生全面发展的必然要求

大学是人生成长及专业知识技能发展的关键期。大学生从入学开始就被贴上了具体的学科或专业标签，除了公共课外，学生日常读书考试均"被专业化"，就业也特别要求"专业对口"。但是，急剧变化的生态、社会和经济，多样性的现实生活要求高等教育不断提高适应能力，互联网和数字技术正全面改变工作和生活，时代要求大学生具备"基础技能、可转移技能和职业技术技能"，学校和社会则提供"获得这些技能的环境"。日常工作所需的基础知识及能力包括问题分析能力、办事能力、交际能力、创造创业能力、领导能力、胜任能力等无不是把知识学习融入生产劳动、社会实践的结合中形成和发展起来的。大学生经过专业教育和通识教育学习了系统的专业基础知识，但这些知识是否实用、有成效，还必须在劳动生产、社会实践中综合运用进行检验、补充、实证，必须通过劳动即学会做事来发展。未来社会变化多端，环境日新月异，人员流动频繁，工作变动极大，使大学教育与就业之间难以形成长久的关联，高等教育与就业之间的鸿沟日益扩大，必须通过劳动教育促使大学生树立正确的劳动观念，使毕业后持续开展劳动知识技能提升，提高灵活性，以确保他们具有更强的职业适应能力，能够更有效地掌握和运用新的专业技能。

（三）劳动教育是深入落实立德树人根本任务的本质要求

我国教育的根本任务是培养社会主义建设者和接班人，立德树人是教育工作的中心环节和发展目标。思想政治教育工作的本质在于立德树人。立德树人工作的开展是直接关系高校培养什么样的大学生、如何培养大学生以及为谁培养大学生的根本问题，立德树人的成效更是作为检验高等学校一切工作的根本标准。立德树人是培养人的本质要求和努力目标，立德是基础和手段，树人是目的，二者是目的和手段的关系。立德就是促进学生形成良好的政治思想道德素质和心理素质，树人在培养学生德育、智育、美育、体育等，具有同样重要作用，劳动教育与其他各育在立德树人工作中各占其位，各具特点，各负重任，共同实现全面发展的教育目的，共同构成全面发展教育的完整体系。从劳动教育本身的功能和价值来看，劳动教育对新时代大学生成长成才具有独特作用。一是培养大学生正确的劳动观念和积极的劳动精神，充分认识到幸福是奋斗出来的，更加热爱劳动，珍重劳动，诚实劳动，感受劳动光荣；二是提高大学生综合素质；三是解决大学生"不想干、不愿干、不敢干、不会干"的现实劳动问题，扭转大学校园"不珍惜劳动成果、不爱劳动、不会劳动"的现象，通过劳动教育使大学生在学习、生活、工作中做到体脑结合，既掌握高深理论知识，又精通技能技术，还善于操作实践。劳动教育具有滋养道德、增进知能、强健体质、化育审美的作用，是强化落实立德树人根本任务的重要手段。

（四）劳动教育是提高本科教育质量的迫切要求

长期以来，"玩命的中学、快乐的大学""上大学就解放了、轻松了"等错误观念对大学生造成了消极影响。不少大学生自我发展意识不强，上课开小差、玩游戏、手机刷屏，甚至逃课在宿舍睡大觉、追长剧、混日子。尽管如此，"严进宽出"、泄题漏题、毕业清考等使许多本科生没有付出辛勤劳动就能轻轻松松毕业，顺顺利利拿到学位。这些问题是严重影响教育质量提高和高等教育健康发展的"痼疾"和"毒瘤"。倒逼新时代高等教育的改革发展必须对大学生合理"增负"，增加课程难度和课程深度，提升学业挑战度，实行学业不达标淘汰制，严把毕业出口关，切实将高等教育内涵建设、质量提升真正摆上台面，落到实处。我国高等教育正从大众化逐步进入普及化发展阶段，但培养目标、专业设置、教学管理、就业选择却没有真正摆脱精英化、知识化的培养倾向。2016—2017 年连续发布的《中国本科教育质量报告》都指出学科专业结构与社会需求适应度不够高，教学方法及学生发展与培养目标达成度不够高，专业设置壁垒化、课堂教学知识化、就业创业率虚高，但毕业生满意度和就业创业对口率相对较低的问题比较突出。从学科专业设置对实践关注不多，专业教学忽略实践技能训练，"知识导向型"课堂教学忽视创新就业教育等突出问题来看，其直接原因就是高等教育长期以来对学生的实际问题解决能力、专业实训实践、劳动教育、社会活动等方面重视不够，方法不多，改革欠缺。针对这些问题，教育部 2018 年在《关于加快建设高水平本科教育，全面提高人才培养能力的意见》中提出要"加强劳动教育""广泛开展社会调查、生产劳动、志愿服务、科技发明、勤工助学等社会实践活动"，反复强调通过不断强化劳动观念培育、操作技能训练、参与社会实践来提升学生综合素质，从而为新时代全面提高高等教育质量，培养适应时代需要的高素质专门人才提供指导，也指出了高等教育质量全面提升的途径和方法。

三、新时代大学生劳动教育的现实性

（一）重视劳动是我国的光荣传统和现实需要

首先，"以辛勤劳动为荣，以好逸恶劳为耻"是我国传统美德。中华传统文明经过长期不间断的发展形成了责任先于权利、义务先于自由、社群高于个人、和谐高于冲突的价值偏好。这种偏好也明显表现在劳动观念中，中国传统文化普遍重视劳动、肯定劳动、赞美劳动，对不稼不穑、不劳而获、劳民伤财等则予以鞭挞、斥责，将劳动作为人安身立命的社会责任，将辛勤劳动、安生乐业、勤俭持家视为人的义务，重视劳动对家庭、宗族的孝悌价值，颂扬人们通过劳动改变个人生活和命运，促进家庭和谐幸福，创造社会价值。其次，社会要求每个人通过劳动创造价值。我国设立了劳动模范表彰制度，对每一个有主人翁责任感、卓越劳动创造、忘我拼搏奉献、做出劳动业绩的劳动者都给予充分尊重和肯定，在社会中积极营造尊重劳动、尊重知识、尊重人才、尊重创造的良好氛围，激励每个人通过劳动和创造实干兴邦，用勤劳的双手创造财富和幸福。最后，社会主义核心价值观落地生根必须以劳动为基础。"富强、民主、文明、和谐，自由、平等、公正、法治，爱国、敬业、诚信、友善"①是当下中国人应有的价值追求，需要倾注积极的情感，需要主动形成行为习惯。建设现代化国家、建造美好社会生活、个人恪守基本道德准则规范等三个层面的核心价值观培育和践行无一不是通过劳动价值的重视和肯定，经由劳动来筑就和美化并使之内化于心、外化于行的。

（二）校企协同实践育人成为共识

实践出真知。教育是培养人的社会实践活动，通过引入企业参与人才培养，校企协同实践育人是提高教育教学质量的重要途径。为适应以人工智能、大数据等为中心的新的科技革命和产业变革，这些学校必须紧跟科技进步、产业发展步伐，及时转变办学理念思路，及时进行专业设置、课程内容、教学方式的转型，使人才培养积极回应新技术新产业发展，实现所培养的人才知识能力发展跨专业复合型，技能技术训练呈现实践性应用型；人才供给及时跟国家和地方发展需求良好对接，能很好地满足地方经济社会发展的需求。对此，很多高校已经明确认识到学术人才和应用人才分类培养是大势所趋，全校上下逐步形成校企合作协同育人是学校全面提高人才培养能力的正确之路、强校之路、树人之路的共识。2014 年 178 所地方本科高校发布《驻马店共识》，并积极展开深化产教融合，推进转型发展，建设中国特色应用技术大学探索实践；2015 年国家重点支持和引导100 所地方普通本科高校强化实践教学，加强实习实验实训平台和基地建设深化产教融合、校企合作，推进人才培养模式的改革；2017 年，国务院办公厅《关于深化产教融合的若干意见》指出，新形势下要使人才培养供给侧和产业需求侧相互适应，教育链、人才链与产业链、创新链更好衔接必须要深化产教融合，促进校企合作育人。当前校企合作育人中存在的主要问题有，学校方面是合作内容和形式不明确、教师不能适应合作需要、育人效果不显著，企业方面是参与积极性

① 周文彰：社会主义核心价值观关键是"落地"[J]. 红旗文稿,2012,(第 23 期) : 40.

不高、程度不深、知识学习与实践实训难以兼顾的"一头热""两张皮"等。要很好地破解以上校企合作协同育人运行不畅、职责不明、人才培养合作成效不高等问题，必须大力加强劳动教育，转变师生的专业发展观念，强化劳动实践及专业实训，提高学生知识应用和实践操作技能，进一步提高人才培养质量。

（三）一些高校的劳动教育特色可资借鉴

经过长期坚持不懈的努力探索，我国一些高校形成了各具特色的劳动教育好经验、好做法，这些特色和做法可供学习和借鉴。学生参与农作、创新农业科技、教学与生产合一是多数农业院校的一大特色，如山西农业大学成立劳动教育指导委员会，将劳动课作为必修课并强化课程组织、考核、开发、管理，实行劳动小组自主互助，突出管理育人，精心创设校园劳动教育环境，强化熏陶，学生社团扎根农村、服务农民，让课堂上的农业科技知识走进田间、创新创业，培养学生的劳动意识和吃苦精神，促进教育与生产实践相结合。作为一流学科建设院校的西安电子科技大学，在陕西省延川县梁家河成立全国首个大学生劳动教育实践基地，通过新时代"红色筑梦"劳动教育使大学生在劳动实践中受教育、长才干、做奉献，树立正确劳动价值观，传承红色劳动基因，弘扬优良劳动传统；开设 1 学分的劳动教育必修课；将校园公共区域卫生包干到每栋宿舍、每个班、每个人，并实行责任制度；邀请知名工匠、各级劳模进校园开展劳动知识和精神宣讲；开展学生"四好文明宿舍"创建评比并设立劳动专项奖学金，教育和引导学生更加崇尚、尊重、热爱劳动。凯里学院作为地方本科转型发展试点高校，在人才培养方案中设置必修的劳动实践课，规定大学 1—3 年级的学生每学期须参加为期一周的劳动实践活动，内容分为校园保洁、环境监督、餐厅服务、外来人员引导、专业实践基地劳动等，鼓励学生主动投身劳动实践，通过劳动感受服务社会的价值和快乐，养成尊重和珍惜劳动成果的美德；更重要的是，作为产教融合试点学校，每学期各专业都确定一定时间的专业实践周，要求合作企业派遣技术员进驻学校，借助项目实践、专业实训、技术开发等进行专业应用能力提升实训，强化专业知识学习与实践操作结合，通过专业实践劳动促进学以致用，学了会用，不断提高学生知识学习兴趣，同时也使知识应用及技术实践能力持续得到提高。

四、新时代加强大学生劳动教育的实践路径

（一）促进转变观念，形成正确的劳动观

正确的思想观念是引发良好行为的先导。大学生思想活跃，容易受科技文化、资本文化、消费文化的影响，使得通过劳动创造价值、获得幸福的观念受到削弱和淡化。为此，必须采取措施转变大学生错误的劳动观念，培育正确的劳动观。一是崇尚劳动。幸福都是奋斗出来的，新时代的大学生对美好生活、美好前途的向往日益迫切，劳动教育的目的就是使他们懂得要改变目前不尽如人意的物质生活环境，要摆脱对父母家人的各种依赖，只有激扬奋斗青春，一步一个脚印，扎实工作，辛勤劳动，不懈奋斗和付出，在劳动中实现自我价值，才能获得相应地位，创造属于自己的幸福。二是热爱劳动。"劳动最光荣、劳动最崇高、劳动最伟大、劳动最美丽。"[①] 要破除和改变一些大学生轻视、鄙视甚至歧视一线生产劳动尤其是体力劳动的不良心态，使他们知晓劳动是一切财富获得、知识增长、生活幸福的基础，没有高低贵贱之分，只有爱岗敬业，做到干一行，爱一行，钻一行，才能在劳动中体现价值，拥抱成功，感受幸福。三是尊重劳动。"诚实劳动、勤勉工作"，行行出状元。在劳动教育中要使大学生深刻认识到"每一种劳动都是推动人类进步的根本力量"，深入理解和认同每一个劳动者是经济社会发展贡献者和历史的创造者，理应值得尊重。充分肯定和感念劳动者为每一件劳动成果所付出的时间和心血。学会珍惜劳动者踏实肯干、默默奉献的辛劳和点滴汗水凝成的劳动成果，让自觉维护每一位劳动者的尊严成为每个人的自觉行动。只要是

---

① 习近平.让劳动最光荣 劳动最崇高 劳动最伟大 劳动最美丽蔚然成风 [J]. 中国农村教育,2020,(第 7 期）：1.

劳动就值得尊重和热爱，值得赞美，值得学习和奋斗。

（二）完善劳动教育制度设计

劳动教育是新时代更高水平构建"德智体美劳全面培养的教育体系"①的重要方面，也是完成和实现培养社会主义建设者和接班人根本任务的重要途径，更是大学在新时代背景下培养高素质专门人才的关键一招。首先，准确把握劳动教育的目标及其内涵。劳动教育的目标是培养和提高受教育者的劳动素质。对大学生来说，劳动教育的具体目标是学习和掌握劳动知识、劳动技能（技术）及必要的职业基础知识和技能，培养和形成正确的劳动观念、劳动态度、劳动思维、劳动习惯，自觉弘扬和践行劳动精神，使每一个大学生都能够辛勤劳动、诚实劳动、创造性劳动。其次，切实强化劳动教育的地位。改变目前将劳动教育纳入思想政治教育范畴或列入"第二课堂"（课外校外活动）的做法，要认识到搞好劳动教育也是进行素质教育，明确将劳动教育作为大学必修课，将劳动教育列入专业人才培养方案，进课堂、进头脑、进实践，有规定的教学时间、明确的教学内容和严格的考核要求，保证劳动教育的全面落实，提高劳动教育的实效性。再次，强化劳动教育整体性、系统化管理。大学必须切实重视劳动教育，唤起和提高全体教师对劳动教育的重要性的认识，将劳动教育的目标和各项要求条理化、细化、可操作化，规定劳动教育的课时和学分要求，配备专业化的劳动课程教师队伍、管理队伍，注重调动学生的劳动参与意识，促进劳动技能熟练掌握，持续提升他们的劳动素质。最后，创新、优化劳动教育课程与评价体系。教育管理部门要像重视大学生思想政治工作和专业教学质量一样，出台相关的劳动教育要求或国家标准，使大学生劳动教育得到更好开展。

（三）重视学校劳动文化建设

大学师生共同在校园中生活、学习，经过长期的交往和活动，他们在学校里

① 厉佳旭.构建德智体美劳全面培养的教育体系,重在"全面"[J].人民教育,2018,(第21期)：36-39.

所习得、共有的思想观念和行为方式构成了大学学校文化。学校劳动文化从学生拥有的劳动知识和技能，对待劳动的态度、情感和习惯等方面表现出来。大学必须站在学校兴衰成败的高度重视劳动文化建设，使劳动育人真正成为促进学生成长成才的重要内容。一是大力倡导"劳动最光荣，奋斗最幸福"，营造"缺失劳动的教育不是完整的大学教育"的校园氛围。要改变以学习成绩好坏、考试分数高低作为评价学生唯一标准、学生在校就只应专注于理论学习的传统做法，把"有劳动精神，学会劳动"作为评定和考核新时代大学生的重要指标，注重引导全体大学生具有良好的劳动知识和技能，主动参加劳动实践，热爱劳动，珍惜劳动成果，勤俭节约，善于创造。二是激发"全员动手，美化校园"积极性，调动学生参加整洁校园工作和勤于整理内务。通过劳动课及其他劳动形式让每一个学生都有机会参与校园净化、美化活动，通过检查评比、卫生督查推动学生自己打扫宿舍卫生，做到寝室每日整理、注重整洁、爱护环境，培养劳动技能及团结协作精神，增进劳动素质。三是多渠道多形式宣传先进劳动典型，学习和弘扬劳动精神。广泛通过网络新媒体（微博、微信、QQ 等）、校园网、广播电视、宣传栏、黑板报、报纸、班会等渠道，以影像、图片、声音等形式传播劳动模范、优秀工匠、创新英才等的先进思想和突出事迹，教育学生崇尚、热爱和尊敬通过劳动创造不平凡业绩的劳动者，并努力向他们看齐、学习。四是全员参与学校劳动文化建设工作。学校、家庭、社会、学生组成校园劳动文化建设共同体，共同承担劳动教育责任。社会要强化倡导和营造诚实劳动、勤勉工作、劳动光荣的舆论氛围，家长要提出自理自立的劳动要求，引导和教育孩子扣好日常劳动的第一粒扣子，教师和学生都争做热爱劳动、弘扬劳动精神的表率，共同担负起学校劳动文化建设的职责。

（四）组织学生参加劳动实践

劳动实践是劳动教育的主要方面，让学生亲身参加劳动实践，从事实际劳动活动是大学生劳动教育的主要形式和基本方法。一是进一步提高课程实施中实践教学的比重，提高劳动实践教育质量。在大学课程教学中要打破实践教学附属于理论教学的传统，将实习、见习、科研训练、实验教学、专业技能训练、社会实践、创新实践等作为落实课程劳动教育的重要渠道，开足开好课程，强化专业的实践应用，学会多种情境下正确使用所学知识解决问题，从而通过劳动实践培养学生的知识应用能力、动手操作能力、创新思维能力、就业创业能力和社会适应能力。二是落实劳动课程的实践内容，开展多种形式、全员参与的校内劳动。在劳动课程中除了必需的基础劳动知识和技能教学外，更重要的是组织全体学生从事劳动实践，参与校园环境、宿舍卫生保洁和绿化美化，给班级、学生指定卫生保洁责任区，使人人参与劳动、个个接受劳动教育。三是结合专业特点和学生兴趣特长，组织开展种植养殖劳动实践。由各专业、各社团、各兴趣小组根据学校实际，学生可经允许后在专门区域从事电子维修、养花、种草、植树、栽培作物、养殖小动物、设计制作、创业实践等劳动活动，进行劳动成果展演。四是组织学生开展校外公益劳动及社会实践。利用假期和课余时间，通过团学组织选派学生深入中小学、社区、工厂、农村、养老院、儿童福利院等进行支教、理论宣讲、卫生打扫、敬老助残服务，帮助慰问困难人群等社会服务、志愿劳动。五是建立校外劳动实践基地，组织学生走出教室到基地（基层）开展学工学农学商，体验劳动生产、管理服务的过程，获得职业感受，发现个性特长，培养劳动观念和职业志向。通过直接参与劳动实践，让大学生掌握劳动知识和技能，体会劳动艰辛，形成正确劳动观念，养成劳动习惯和良好道德品质，切实提高劳动能力。

大学生的成长成才离不开劳动，加强劳动教育是大学提高教育教学水平，培养全面发展的高素质专门人才的重要途径。全面推进和深入实施劳动教育对新时代高等教育全面提高人才培养能力具有特别重要的意义。

第五节　大学生劳动教育诉求

劳动教育是高校落实立德树人根本任务的重要内容之一，承接教育理论并贯穿于社会主义教育发展进程。塑造劳动"四最"的价值观念，挖掘劳动教育精神价值，升华大学生人格境界，践行劳动强健身心理念助推健康中国建设，提高大学生创造性劳动能力，汇聚创新型国家建设动力等是新时代开展大学生劳动教育的现实诉求。强化"敬业"精神增强大学生的劳动认同，开展以家风建设为载体的家庭劳动教育，依托高校创新性活动激发大学生的劳动创造力，发挥新时代志愿服务育人功能促进大学生劳动品德的养成等是新时代大学生劳动教育的实践路向。

劳动教育是中国特色社会主义制度的重要内容，致力于培养担当民族复兴大任的时代新人，解决中国处于社会转型期时出现的社会矛盾错综复杂、劳动价值缺失等诸多现实问题。高校加强劳动教育，必须从提升学生对劳动价值的认同入手，积极探寻适合青年学生成长规律的劳动教育新途径，实现劳动教育促进青年全面发展的价值旨归。

一、大学生劳动教育的新时代诉求

习近平总书记关于劳动的重要论述，丰富并发展了党的教育方针，具有重大的时代价值和鲜明的现实针对性，蕴含着新时代高校开展大学生劳动教育的新设计和新要求。

（一）塑造"劳动最光荣、劳动最崇高、劳动最伟大、劳动最美丽"的价值观念指导实践

劳动教育的核心目标是培养学生尊重劳动的价值观，进而激发学生的劳动热情和劳动创造力。人类发展历程中，劳动以多种样态创造世界和历史，同时改

造着人自身。随着科技水平的提高，脑力劳动逐渐成为社会主导劳动形态，如何实现体脑结合是新时代劳动价值观教育的具体要求。中国特色社会主义进入新时代，经济、政治、文化以及科技的发展变迁对广大青年的劳动价值观影响深远，智能科技与物质富足的环境一方面有助于青年大学生体验美好生活追求幸福感，另一方面也导致一些劳动认知偏差，包括不尊重劳动、不珍惜劳动成果，甚至迷途于不劳而获的价值观之中。社会的劳动价值与资本逻辑的博弈始终未能停滞，劳动者主体地位的彰显程度以及劳动创造人生的意义和价值等成为影响整个社会劳动积极性和发展动力来源的重要因素，牵动着社会劳动价值认同的方向。大学生塑造正确的劳动价值观，深刻领会辩证唯物主义劳动实践观的发展性蕴意，才能尊重劳动，学习发扬劳模精神、工匠精神，并将通过劳动奉献社会作为衡量人生的价值标准，在劳动中积极创造物资和精神财富，投身于中国特色社会主义建设事业中。

（二）挖掘劳动教育的精神价值，升华大学生人格境界

劳动教育的精神价值体现在学生通过劳动过程丰富社会认知，实现自我本质力量的确证，进而超越自然属性，生成基于人与社会相统一的内在实践动力，升华大学生的人格境界。动物可以通过自然存在物直接满足自己的本能需要，而人则需要通过对象化活动改造自然，使之为自己的目的服务，劳动是这种区别的根本。劳动在不断扩展人的生活物理空间的同时，也增加了个体追求精神满足的自由程度。青年大学生通过劳动将自己的本质力量凝聚到对象中，在占有外在对象的过程中，使自身发展不断趋于完善，促进道德判断能力、审美能力、鉴赏能力等的提升。劳动教育本身所具有的教化功能可以使大学生由独立的个体转变成公共的关系存在，在相互合作、相互交流及相互理解的过程中不断充实自我的类特性，获得完整丰富的生命意义的体验。步入数字化、信息化的技术发展时代，非物质性劳动、数字劳动、共享劳动等多种新劳动形态的出现极大地促进了经济社

会发展，个体的主观能动性和创造性也得到更大发挥，但深度介入网络虚拟社会的大学生却也出现了对劳动本质的幻化现象。受技术理性向生活世界扩张的影响，学生依赖社交平台进行自我表达，借助移动互联网终端塑造了一种虚拟化的社交场域，音容笑貌以数字化形式成为人与人之间交流的主要形式，感情的直接交流日益减少，体脑结合的劳动实践被忽略，现实与虚拟、表象与事实之间的界限逐渐模糊，使一些大学生偏离了对劳动和实践本质的理解。因此，贯通现实社会与虚拟社会的教育渠道，挖掘劳动教育对大学生成长的教化价值，培育青年大学生的劳动精神，才能使大学生始终保持劳动意识，形成良好的人格品质。

（三）践行劳动强健身心理念助推健康中国建设

全民健康是促进人全面发展的必然要求，是推进经济社会可持续发展的基础条件，是衡量国家富强和民族昌盛的重要标志，也是决胜全面建成小康社会关键时期的重要任务。随着我国社会经济的飞速发展，人们的生活节奏正在日益加快，来自经济、就业、情感等各方面的压力不断增大，甚至引发一系列社会问题，严重制约着人民健康水平的提高。劳动教育是促进大学生身心健康的重要手段。在智能化的现代社会参与一定程度的体力劳动的过程本身就是一种体能锻炼，既有助于培养大学生手脑结合的实践实验操作的协调性、灵活性，又可以在劳动中释放各种压力所带来的负面情感，并在体会劳动过程和收获劳动成果的快乐中提高身体耐力，提升生活质量。心理健康是代表大学生健康水平的典型表现，劳动实践过程本身也具有心理调节作用，尤其是集体劳动过程对于引导大学生正确认识自我、客观评价自身、合理管理情绪，提高心理适应力和人际关系处理能力等都具有积极作用。广泛开展劳动的综合育人工作促进大学生身心健康发展，不仅是高校人才培养的要求，也是推进健康中国建设的必要的组成部分。

（四）提高大学生创造性劳动能力，为创新型国家建设动力

创造性劳动是推进人类社会进步的根本力量。任何时代的劳动方式、内容和劳动技术都能彰显出社会发展的创新水平，并转化为科技革命成果和具体社会生

产力。中国在加快实现"两个一百年"奋斗目标的新时代，更加需要依靠科技革命和产业变革，通过创新创造解决社会主要矛盾，使中国真正强起来。创造性劳动对于社会劳动生产率的提高和国家核心竞争力的提升具有重要意义，是创新型国家建设的不竭动力。大学生作为新时代创新发展的重要新生力量，肩负着为人民谋幸福、为民族谋复兴的历史使命，一代代青年大学生承担起国家和历史的使命，不仅仅需要通过"苦其心志，劳其筋骨"的辛勤劳动来达成，而且更加需要通过能动性的学习不断提升自身的创造性劳动能力，将来才能成为创新型国家建设的中坚力量。适应高智能社会发展环境的大学生劳动教育的主旨即为创新，拥有劳动创新能力的大学生群体，将为国家的创新发展提供丰富资源和力量。

二、新时代大学生劳动教育的实现路径

（一）强化"敬业"精神增强大学生的劳动认同

"敬业"既是中国人民在党的领导下在长期职业生活实践中所形成的有关对职业的根本看法，也是对以劳动作为人的本质的人格肯定。高校作为思想政治教育的主阵地，在培养学生正确的职业态度和工作精神、促进良好职业行为习惯的养成等方面发挥着重要作用。首先，新时代大学生劳动认同的重构必须要以社会主义核心价值观所倡导的"敬业"精神为指导，继承和发扬热爱劳动、辛勤劳动的优秀传统文化，充分发挥各行业劳动模范的示范作用，消除社会中一些劳动等级错误观念对大学生产生的不良影响，在高校校园内营造尊重劳动、崇尚劳动的文化氛围。其次，要将敬业价值观的培育贯穿于专业课教学中。教师在传授专业知识和技能的同时，要将与专业相关的市场就业状况和职业发展前景有意识地介绍给学生，教育引导学生在职业生涯规划、求职到就业的过程中树立职业理想、端正职业态度、明确职业责任。最后，充分发挥社会实践在大学生敬业教育中的作用。深入挖掘和整合校内外资源，加强敬业价值观实践教学教育，积极引导大学生走出校园、深入基层、深入群众，开展教学实践、专业学习、社会调查、公

益活动，升华他们对敬业价值观的认知理解和体验感受，涵养不畏艰辛、崇尚奋斗、甘于奉献的精神，从而形成正确的劳动观念和劳动态度。

（二）开展以家风建设为载体的家庭劳动教育

家庭是实施劳动教育的重要场所，家庭劳动教育的系统建设和稳扎落实对于学校、社会劳动教育的实施效果具有强化作用，家长的思想和言行对良好家风的形成及对子女的劳动意识、劳动观念、劳动行为的塑造至关重要。近年来，大学生中出现了一些不珍惜劳动成果、不想劳动、不会劳动的现象，究其原因，很大程度上与父母轻劳动、重成绩以及对子女的溺爱有关。对此，高校德育工作者要主动担负起对大学生父母价值引领的责任，协同工会、共青团、妇联开展对家长关于劳动教育相关知识的培训以及家庭劳动教育的相关指导，以提高学生家长的综合素质为目标，引导家长主动承担起劳动教育的责任，不仅对孩子进行劳动教育的言教，还要鼓励孩子自觉参与、自己动手，在衣食住行中掌握必要的家务劳动技能，甚至将劳动教育的内容拓展到社区公益劳动和社会帮扶活动，树立崇尚劳动的良好家风。除此之外，高校要不断拓宽教师与家长沟通的平台，例如，在录取通知书投递环节，将相关劳动知识和劳动行为的规范以及家长如何引导孩子成长以"致新生一封信"和"致家长一封信"的形式发给学生，使家长在思想上先入为主，夯实学校劳动教育的基础；在开学典礼和新生座谈会上宣传典型劳动模范故事和高校大学生励志故事以及好的教育方法，使家长认识到孩子来到学校不仅要刻苦学习知识，更要注重德行养成，在学校与家庭双向互动中，为培养德智体美劳全面发展的合格人才提供协同保障，促进良好校风、家风的形成。

（三）依托高校创新性活动激发大学生的劳动创造力

劳动是与灵活的技能和技艺、手脑并用、创造性的思维相连的劳动，而不是指那种单纯的、令人疲劳的、缺乏思维锻炼的体力劳动。劳动在本质上是人的积极的、创造性的活动，而人们进行的劳动往往经过从模仿性劳动到重复性劳动再到创造性劳动的渐进式的发展过程。要想在重复性劳动过程中促成质变，从而创造新的更高的劳动成果，就必须要具备扎实的学识和敢于突破常规的思维能力。一是要在校内建立大学生创业实践基地，加大立足对"劳动+"的学生创新创业类科研立项，鼓励大学生根据自己的兴趣、特长和优势自主选择创业项目，将所学理论知识积极运用于创新实践，并通过实践来实现对理论知识的检验与矫正，不断地积累知识、经验，在成败得失中逐渐培养坚忍乐观、积极向上的个性品质。二是要积极发挥创新创业大赛的培育功能。高校要善于通过全国层面、省市层面的学术竞赛平台，鼓励学生参加各类学科竞赛活动，在宽容、竞争的学术氛围中开阔眼界，在与他人的思想碰撞中汲取对方独到的见解和思维方式，不断增强自身的创新意识。通过邀请一批具有丰富的创业经验和工作经历的知名企业家或校友为大学生提供指导，引导学生打破墨守成规的思维定式，以超常规的视角认识和思考问题，从而产生更加新颖的、独到的、有社会意义的创新创业方案和创业成果。三是高校要拓展校外实践训练平台。高校可以主动对接当地先进的科技创新资源，利用政府和企业的各类研究基地、基金项目、政策优势等资源，通过提供更多的实习机会和实训操练场所，为创新创业人才的培养奠定良好的基础。

（四）发挥新时代志愿服务育人功能，促进大学生劳动品德的养成

志愿服务作为一种实践活动，对于大学生在服务奉献过程中塑造正确的价值观念、培养社会责任感、强化实践能力以及促进身心的全面发展具有重要意义。首先，高校可以将志愿服务纳入入党积极分子培养、预备党员培训、党员学习实践的必需环节，以服务时长数作为大学生推优入党的考核标准，用"党员成长手册"量化考核党员志愿服务活动，促进大学生实践能力和劳动素质的全面提升。其次，通过联合服务部门或机构建设一批具有时代特色、符合国家重大战略要求和满足社会需求的志愿服务项目。例如，高校结合社区群众的生理、心理特点以及兴趣爱好成立太极拳、瑜伽、养生操等体育项目，并为社区体育运动的开展提

供设施场地资源。通过在社区设立学生实习基地或提供兼职的方式，鼓励高校体育人才走进社区参与全民健身指导工作，在营造全民体育文化氛围、提升身体素质的同时使学生在体育锻炼中获得快乐，促进健康中国战略的理念和导向在社会中广泛传播。最后，发挥高校人才在智力扶贫志愿活动中的积极作用。高校作为国家和民族未来的智囊团，应积极主动参与到扶贫事业中，与自身的特色和专长结合起来，如法学、农业、工科应分别在法律维权、发展农业和促进产业升级方面建立扶贫机制。同时，高校还应将精准扶贫与大学生社会实践等学生素质拓展活动相结合、与精神文明帮扶活动相结合、与大学生"三支一扶""暑期三下乡"和基层挂职锻炼相结合，鼓励大学生走出校园参与科教扶贫工作，为贫困地区的发展提供先进的科技和文化支撑，在不断的探索、发现、解决问题中磨炼意志，提高科技创新能力。

第二章　大学生劳动教育的主要内容

第一节　生活劳动与大学生劳动教育

陶行知指出："有生命的东西，在一个环境里生生不已的就是生活。"① 显然，就人而言，生活就是衣食住行的集合，故谈起生活又离不开劳动，而劳动是人类创造物质或精神财富的活动。如今，许多大学生受到家长的过度呵护，家务劳动几乎很少参与。本节从生活劳动的概念、分类以及大学生应梳理正确的生活劳动观念、提升生活劳动素质方面提出了劳动教育中生活劳动的实践对策。

一、生活劳动概述

（一）生活劳动

生活劳动是指可以直接满足生活需求的劳动，是在具备生活条件的基础上对生活条件再做改造，并直接服务于人的劳动。

1. 技能性生活劳动

技能性生活劳动就是通过操作性技术技能改造生活资料（或者生活条件），以满足生活需要的劳动形式，例如，做饭、炒菜、缝补、洗衣服、洒扫等。现代科技的发展大部分都是建立在技能性生活劳动之上，例如，洗衣机、扫地机器人、洗碗机等智慧家庭、智慧生活的条件改善逐步改变了人们的生活劳动方式，各种

---

① 董宝良主编；喻本伐，周洪宇选编. 陶行知教育论著选 [M]. 北京：人民教育出版社，2011.10：282.

劳动中对于体力的需求将会弱化。但是智能、技术的领域会增加，比如，了解生活用具的基本原理，并对其进行简单维修，这些技能对生活中的人来说跟过去装水龙头、上电灯泡是同样的道理。因此现代生活劳动，尤其是技能性生活劳动也要求人们具备一些现代化的技术能力。

2. 审美性生活劳动

审美性生活劳动与技能性生活劳动并不是在领域上进行区分的，它们之间的区分主要在层次上。比如，缝补衣服，给一件破了洞的衣服结结实实地补一个补丁，这就是技能性生活劳动。但是补丁不好看，如果对这个补丁做出改造，比如，设计成一朵花儿，或是图案等，这就不仅仅是技术性劳动，更是创造美、创造幸福的劳动过程，它就是审美性生活劳动。再如，关于家务中的重头戏，洒扫。我们把家里干干净净打扫一遍，属于技能性生活劳动；我们觉得家里太单调，太冷清，太没有艺术感，太乏味，因此想到需要对家里做出各种布置，这种布置到底美不美，见仁见智，但是对于劳动者自己来说，它是按照劳动者自己的审美方式布置的，劳动者在处理家务中按照自己觉得美的标准创造了自己的空间，他为自己的生活创造了美和幸福。审美性生活劳动不是现代人才有的，比如，过去的人自己做家具，但是不忘在桌椅板凳上雕花。这个层次的劳动，不仅对人的技术能力提出了要求，还要求人们具有感知、想象等方面的能力，这些统一起来，就是审美养成和创造美的能力。

二、家庭中的生活劳动及反思

（一）家务劳动

家务劳动是我们人类社会最为常见、最为古老的基本的劳动方式之一。它与市场经济中的生产劳动共同组成了人类不断发展进步的重要部分。关于家务劳动的概念，学术界还没有统一界定。但是大部分学者都认为："家务劳动（housework）是一个非常古老的词语，主要指人类社会中存在于家庭领域中开展劳作的一种形式。也可以说，自从产生了人类社会，家庭中的家务劳动就开始作为维持人类生存生活需要的重要手段而留存下来。"[1]

（二）过去的分工

传统性别分工制度具体表现为"男主外，女主内"的家庭分工模式。女性主要在家庭领域内生活，而男性则主要在公共空间生活。家庭成为人们休憩、养育孩子的场所。男女的身体独特结构，女性要生育孩子，被当作婴儿最初的照料者，承担母职，承担家务。

家务劳动是一项历史久远的劳动，自从有了家庭，家务劳动便随之产生。蒙昧社会中，家务劳动由男女双方共同承担，但是已经有了较明显的性别分工，男子一般从事打猎、砍柴、获取原材料等需要较大力气的劳动，妇女则从事烧饭、织布缝衣照料小孩等细致、不需要花费太多力气的劳动。随着私有制的产生和阶级的形成，家务劳动慢慢发展成为专属女性的劳动。

（三）现在的分工

随着社会生产力的发展以及现代科学技术的飞速发展，洗衣、做饭等家务不再是女性的专属劳动。大部分以前在家庭中完成的家务劳动项目开始转移到社会中来完成，成立了琳琅满目的社会服务机构。同时，科技的发展创造出各种各样的家用电器，这些都简化了家务劳动的内容，减少了家务劳动所要花费的时间。

其次，男女平等观念的宣扬也使得人们传统"家务劳动应该由女性承担"的观念开始动摇，慢慢转变，越来越多的女性参与到社会工作中，也有越来越多的男性参与到家务劳动中，工作与家庭之间矛盾的凸显也反作用于家务劳动，使得家务劳动社会化不断加深。

---

[1] 　邓伟志，徐新．家庭社会学导论 第2版 [M]．上海大学出版社·．2020：136

三、树立正确的生活劳动观念

（一）人人都应具备日常生活劳动能力

生活劳动能力即自我服务能力，即使是将来并不从事制造工作的现代人也应具备基本的生活劳动能力。现代社会需要的公民是善于动手，善于将动脑与动手结合起来的人。因此，可以说在信息化时代，对人们生活劳动能力的要求不仅没有削弱，反而在加强。劳动创造了人，不仅是历史事实，更会在人类个体的成长过程和变迁过程中得到不同程度的再现。

（二）日常生活劳动是获得人生圆满不可或缺的基本能力

飞速发展的时代，虽然劳动的方式、工具、空间、环境在发生非同寻常的变化，内涵被前所未有地拓展，但劳动之美不会变，劳动的幸福不会变，日常生活劳动是获得人生圆满不可或缺的基本能力。

中华民族从古至今都弘扬劳动精神，古诗中"十亩之间兮，桑者闲闲兮"[1]"童孙未解供耕织，也傍桑阴学种瓜"[2]"乡村四月闲人少，才了蚕桑又插田"[3]"谁知盘中餐，粒粒皆辛苦"[4]"稻花香里说丰年，听取蛙声一片"[5]，都是描写中华民族对劳动之情、劳动之爱、劳动之景、劳动成果、劳动之美的珍视和礼赞。俗话说，一勤天下无难事。劳动，是文明的源头，也是进步的因子。劳动，缔造了社会也书写了历史，并可以改变世界。对个体来讲，勤劳，是一种积极向上的良好品质，是获得健康、实现梦想的必备条件。对于家庭来说，勤劳是一种良好的家风，可以使家庭的氛围融洽，可以获取幸福。对于社会和国家来说，勤劳，是一种文化软实力，可以激发创造力。

---

① 刘晓光.诗经[M].江苏凤凰少年儿童出版社，2022.06：136.
② 屈春山，李启仁选注.古今名诗选读[M].郑州：河南人民出版社，1981.07：63.
③ 琬如编著.飞花令里读诗词 风暖鸟声碎[M].成都：四川人民出版社，2018.10：126.
④ 诸葛忆兵著.唐诗解读[M].哈尔滨：北方文艺出版社，2019.09：296.
⑤ [1]李寅生著.传统文化经典读本 古诗[M].成都：四川辞书出版社，2018.01：209.

四、大学生应如何提升生活劳动素质

（一）参与家庭劳动

大学生应经常参与制作食物、打扫卫生、清洗衣服、美化家庭、美化寝室、修补衣服、修理家具等家庭劳动。在当今社会，身体素质的好坏和劳动意识的强弱，将是一个人能否取得成功的关键所在。如果不参与家庭劳动，养成"衣来伸手，饭来张口"、过分依赖父母的不良习惯，就会对自身的成长和发展带来不利的影响。

良好的劳动习惯和劳动品质，往往是从家庭日常生活劳动开始的。中国，是一个文明古国，几千年来，劳动人民用自己的双手创造物质财富，振兴民族精神，让中华民族以更加昂扬的姿态屹立于世界民族之林，越来越走近世界舞台的中央。我们只有坚持和发扬这一光荣传统，切实加强家庭日常生活劳动素质的提升，才能成为有较高文化素养和劳动技能的劳动者。

（二）参与社会劳动

参与社会劳动，如打扫卫生、绿化环境、整理设备、修理器具等工作，是提升日常生活劳动素质的重要途径。作为大学生必须具备从课堂和书本中无法获取的社会劳动知识体系，要理论联系实际，通过参与社会劳动，加深对社会的了解，从而提高劳动技能，增长才干。

（三）参与学校劳动

在校园中提升日常生活劳动素养的途径有：认真学习劳动教育课程；参加学校劳动活动，如打扫卫生、美化校园、参与食物制作等。

大学生在学校中，应通过参与校园劳动培养主人翁意识，践行勤奋和实干的良好习惯。通过参与校园劳动，养成科学作息，增强自身的行动力和执行力。同时，在参与校园劳动的过程中，也可体验多种劳动者的不易，例如，学校保卫、清洁、图书馆工作人员等工种；也有利于大学生自觉养成文明的好习惯，减少乱扔垃圾、乱贴乱画等不文明行为。

因此，大学生提升生活劳动素质要从三方面入手，形成联动协同机制，即分别从家庭、学校和社会三个维度协同推进日常生活劳动素质的提高。

第二节　立德树人与大学生劳动教育

将劳动教育融入高校立德树人全过程，有助于帮助大学生深化对人本质的认识，有助于促进大学生实现自由全面发展，有助于高校更好地坚持社会主义教育的根本原则。当前，劳动教育融入高校立德树人全过程存在不同程度的缺位和错位问题。为解决这些问题，需要坚持将劳动教育融入课堂教学、坚持将劳动教育融入校园文化建设、坚持将劳动教育融入实践教学，从而有力推动高校立德树人根本任务的实现。

教育关系到培养社会主义建设者和接班人的重大问题，中国共产党历来高度重视教育问题。"'培养什么人'问题是教育的首要问题，决定着教育的根本任务和目标方向。"[1] 在新中国成立初期，教育方针是"使受教育者在德育、智育、体育几个方面都得到发展，成为有社会主义觉悟的有文化的劳动者"[2]。习近平总书记把劳动教育纳入党的教育方针，充实了教育方针的内涵，使得"培养什么人"的目标更加明确。虽然我国的教育方针一直强调"教育与生产劳动相结合"，但在实施过程中，往往重视德育、智育、体育、美育等，忽视对大学生进行劳动教育，导致培养的人才不能正确认识劳动的价值，未能形成尊重劳动、尊重劳动者的良好品质。对此问题应引起高校教育工作者的高度重视，积极将劳动教育融入高校立德树人全过程。

---

① 培养什么人怎样培养人为谁培养人 [J]. 求是 ,2020,(第 17 期) : 44-49.
② 古子坚 . 在干部学校中贯彻党的教育方针的体会 [J]. 学术研究 ,1959,(第 2 期) : 27-28.

一、劳动教育融入高校立德树人全过程的重要意义

（一）劳动教育有助于促进大学生实现自由全面的发展

劳动创造了人类本身，塑造了人的本质，是人类生存和发展的重要基础，也是促进人类自由全面发展的重要途径。劳动教育并不是单纯地传授劳动技能，还包含德育、智育、体育和美育，通过劳动教育能使大学生接受系统教育，促进大学生的全面发展。在社会主义社会，不再存在阶级的区分，阶级剥削和阶级压迫也失去了存在的根源，劳动不再是奴役人的手段，而成为解放人的手段，成为促进人自由全面发展的重要途径。"生产劳动给每一个人提供全面发展和表现自己的全部能力即体能和智能的机会，这样生产劳动就不再是奴役人的手段，而成了解放人的手段，因此，生产劳动就从一种负担变成一种快乐。"① 加强对大学生的劳动教育，有助于大学生树立尊重劳动、尊重劳动者的良好品质，树立"幸福都是奋斗出来的"的理想信念。

（二）劳动教育有助于高校更好地坚持社会主义教育的根本原则

教育与生产劳动相结合是社会主义教育的根本原则。教育的首要问题是"培养什么人"，社会主义建设者和接班人不能是只会空谈理论的人。只有扎实投身中国特色社会主义伟大实践，在实现中华民族伟大复兴中国梦的伟大征程中奉献自身力量的人，才是社会主义合格建设者和可靠接班人。"伟大的事业是干出来的"，关乎中华民族伟大复兴的教育事业也必须融入"实干兴邦"的思想，加强对大学生进行劳动教育，培养他们脚踏实地的实干精神。高校只有加强对大学生的劳动教育，引导大学生树立正确的劳动价值观，才能助推大学生在未来的人生道路上通过辛勤劳动、诚实劳动、创造性劳动实现人生价值。

---

① 马克思恩格斯文集：第 9 卷 [M]，北京：人民出版社 .2009:310.

二、劳动教育融入高校立德树人过程中存在的问题

（一）劳动教育在高校立德树人过程中的缺位

改革开放以来，我国在人才评价机制方面越来越重视学历，用人单位曾一度把学历设为选人用人的门槛。导致劳动教育在高校人才培养体系中长期不被重视，甚至空缺，具体表现为以下两方面。

1. 劳动在教育中的缺位

除了一些理工类专业有个别需要动手操作的实践课程外，在现有大学生课程设置中几乎没有"劳动课"。事实上，劳动教育与德智体美等方面的教育密切相关。劳动教育与德智体美等教育一起构成更加全面完整的育人体系，但彼此并非独立而排斥，而是相互交织且价值互渗。劳动教育本身就蕴含着德育、智育、体育、美育;而德育、智育、体育、美育也只有通过劳动教育，才能得到强化和升华，取得切实成效。高校教育体系中的劳动教育缺位现象，未能帮助大学生树立正确的劳动价值观，掌握基本的劳动技能，导致"眼高手低""高分低能"现象的出现。

2. 教育在劳动中的缺位

虽然有些高校会组织大学生开展各类校外实践活动，但未将教育融入劳动过程中。仅仅就劳动而劳动，致使大学生认为仅仅是单纯的劳动，甚至误认为劳动是对他们的惩戒，没有达到教育学生的目的。教育是劳动的升华，在劳动过程中，作为活动的组织者应该对本次劳动的目的进行说明，充分阐明劳动的意义，肯定参与者的劳动成果。只有寓教育于劳动中，为大学生树立尊重劳动、尊重劳动者的榜样，才能帮助他们树立正确的劳动价值观。

（二）劳动教育在高校立德树人过程中的错位

劳动教育在高校立德树人过程中的错位，具体表现为关于劳动教育认识的错位和关于劳动教育目的的错位。

1. 关于劳动教育认识的错位

高校对劳动教育认识的错位具体表现为：第一，对劳动教育重视程度不够，单纯注重培养德智体美全面发展的建设者和接班人，未能将劳动教育列入其中。第二，对劳动分工教育的错位。"到目前为止的一切生产的基本形式就是分工，一方面是社会内部的分工，另一方面是每一单个生产机构内部的分工。"① 随着现代社会分工的发展和专业化程度越来越高，大学毕业生的职业选择也日益多样化。由于对劳动分工教育的不到位，导致一些大学生单纯追求"铁饭碗"，而不是根据个人性格特征、专业特长选择更适合自己的工作。

2. 关于劳动教育目的的错位

高校开展劳动教育的目的应该是培养大学生正确的劳动价值观，通过劳动教育，以劳树德、以劳增智、以劳强体、以劳育美、以劳创新，使大学生树立正确的劳动价值观，养成尊重劳动、尊重劳动者的良好习惯。目前存在的错位现象表现为：第一，为完成某项任务而开展劳动教育。学生工作处和团委开展的实践活动往往是为了完成某项工作任务，并不是单纯为了对大学生进行劳动教育。第二，为达到惩戒学生的目的而开展劳动教育。劳动在一定时期内曾被"妖魔化"为惩罚的手段，扭曲为改造学生思想的工具，窄化为培养学生技能的训练，遮蔽了劳动的本真教育意蕴。这种现象是对劳动教育目的的偏离，是对劳动教育功能的矮化、窄化和异化，未能有效帮助大学生认识开展劳动教育的重要意义。

三、劳动教育融入高校立德树人全过程的解决路径

（一）坚持劳动教育融入课堂教学

课堂教学既是向大学生传授科学文化知识的主渠道，也是加强大学生思想政治教育的主渠道。坚持将劳动教育融入课堂教学，在具体实施上主要有两点：第一，将劳动教育融入高校思想政治理论课教学。劳动教育不仅是劳动技能的教育，

---

① 马克思恩格斯文集：第 9 卷 [M]，北京：人民出版社 .2009:306.

更为重要的是劳动价值观的教育。大学生只有树立了正确的劳动价值观，他们所掌握的劳动技能才有意义。"思想道德修养与法律基础"一课不仅涉及职业观教育，而且涉及劳动者合法权益保护问题。任课教师在课堂教学过程中可以将劳动价值观与职业观教育相结合，在就业观、择业观教育中有效地融入劳动教育，在"法律基础"部分教育大学生如何维护自身的合法劳动权益。第二，将劳动教育融入专业课教学。在人文社会科学类专业中，融入劳动价值观教育；在理工类专业中，融入劳动技能教育，尤其注重培养大学生的"工匠精神"。

（二）坚持劳动教育融入校园文化

校园文化作为高校思想政治教育重要的文化环境，对大学生的成长成才具有潜移默化的作用。"思想政治教育文化环境是人的存在和思想政治教育运行的'文化场'，这一'文化场'具有'黏合剂'功能。"校园文化建设的根本目的就是为塑造在精神品质、智慧能力和体魄等诸方面获得充分发展的合格人才创造良好的精神条件和环境氛围。劳动教育融入校园文化，既要融入校风、学风、教风等隐性校园文化，也要融入校园艺术文化活动等显性校园文化。在丰富大学生课外文化生活的同时，更好地促进大学生全面发展；在潜移默化中让大学生体会到勤奋劳动、诚实劳动对实现人生价值的重要性，并养成艰苦奋斗的良好品质。

（三）坚持劳动教育融入实践教学

实践教学活动是人们获得正确认识的最重要、最基本的渠道，也是检验已有思想、观念是否正确的重要环节。高校通过开展实践教学活动，帮助大学生将获得的正确思想观念不断内化于心，外化于形，更好地促进大学生身心全面发展。高校学生工作处和团委在组织实践教学活动时可以有针对性地将劳动教育融入其中，让大学生将学习到的科学文化知识运用到社会实践中，在实践中创造价值，在实践中放飞青春梦想。

综上所述，高校应在党委的集中统一领导下，以劳树德、以劳增智、以劳强体、以劳育美，培养更多德智体美劳全面发展的社会主义合格建设者和可靠接班人。

第三节　三全育人与大学生劳动教育

"三全育人"，即坚持全员育人、全程育人、全方位育人，以学校育人为主，学生家长、企事业单位紧密配合的时间上相互衔接，空间上全面覆盖的育人格局。"三全育人"理念的提出，赋予了劳动教育新的时代内涵和要求，明确了当前社会主义人才培养的新理念；而劳动教育是集系统联动、自我驱动、特长发挥、各方指导、资源充分利用、团队参与协作等特点于一体的综合劳动实践教育。高校劳动教育是通过学生参加有组织、有计划、有目的的劳动生产活动，接受实践，使其身心得到锻炼的过程，在制定国民教育战略、完善教育政策、提高教育质量中发挥着不可忽视的重要作用。

一、"三全育人"理念下加强劳动教育的意义

（一）加强劳动教育是落实"三全育人"的现实要求

在新的历史条件下，我国当代高校大学生的劳动教育呈现薄弱甚至缺失的状态，呈现出劳动教育边缘化、劳动教育功利化、劳动教育片面化的特点。首先，国家在劳动教育方面总体投入不足，缺乏科学的领导管理，无法满足开展更多劳动教育的资源需求；其次，新时期社会物质条件的改善减少了大学生自主参与劳动的机会，同时社会思潮的涌动使得拜金主义、享乐主义、个人主义等消磨人的劳动意志，使学生滋生消极劳动情绪；最后，"重知识轻实践"的教育评价体系、父母的宠溺及巨大的应试压力都在一定程度上弱化了大学生成长过程中的劳动教育。"三全育人"理念正是要扭转传统劳动教育的劣势，要求加大劳动教育投入，提高对劳动教育的重视，创新劳动教育评价模式，转变劳动教育方式，上下一体，各方联动，形成全员参与、全方位覆盖、全过程渗透的劳动教育体系。

（二）加强劳动教育是社会主义事业对大学生发展的内在要求

社会主义事业是劳动者的事业，社会主义事业的成果少不了劳动者的智慧和汗水。大学生作为新时期社会主义事业的劳动者、建设者，肩负着历史重任与时代使命，对大学生加强劳动教育具有重要作用。通过劳动教育与实践，大学生德、智、体、美、劳也能实现全面发展，如可以丰富大学生劳动经验，增强其社会责任感，使其懂得收获来之不易，有利于强化大学生对劳动者的尊重，也能使其在与社会的接触中感受国家发展变化的动态，强化家国情怀。

二、"三全育人"理念指导下的劳动教育实施路径

"三全育人"思想明确了"由谁教育""何时教育""如何教育"的问题，也为解决劳动教育中存在的现实问题提供了清晰明确的思路，对完善劳育机制、提高劳育实效有重要指导意义。

（一）全员参与，加强劳育队伍建设，营造劳育浓厚氛围

全员育人要求育人主体多元化，动员多方育人力量参与劳动教育工作，形成育人合力。除了专职负责学生教育管理服务工作的学工队伍外，还应包括任课教师、学生骨干、行政管理人员等，共同作用。北京理工大学在"书院制"育人模式下，推行"三全"育人导师制，"三全导师"既是"三全育人"工作的主体，也是劳动教育的重要抓手，各方人员协同配合，形成劳育合力。

首先，巩固辅导员教育主导作用。辅导员是学生学习和生活最为直接的管理者，在劳动教育中发挥着主导作用，应在日常教育管理服务学生的过程中贯彻劳动育人方针。例如，加强社区管理，社区是学生日常学习和生活的重要场所，辅导员应定期深入走访学生宿舍，熟悉了解学生的基本劳动情况和思想，如发现问题及时对学生进行指导，同时要掌握学生的实际需求，为学生提供适当的理论学习或实践锻炼机会，鼓励学生之间相互学习相互帮助，切实帮助学生树立劳动观念、培养劳动精神、养成劳动习惯、提升劳动技能。

其次，发挥"三全导师"教育引领作用。"三全导师"包括学术导师、学育导师、朋辈导师、通识导师、校外导师、德育导师等类型。"三全导师"在通过教育讲座、师生座谈等导学形式与学生进行交流时，适当融入劳动教育内容，帮助学生树立正确的劳动观念和劳动意识，协同辅导员了解学生劳动素养情况，发现劳动提升需求，尤其是充分发挥朋辈导师的引领作用。朋辈导师一方面作为导师，有教育和引导学生的职责，另一方面作为学长学姐，相较于其他导师更加了解学弟学妹们的生活和学习环境，因此也更容易发现问题，从而更有利于及时纠正问题。同时朋辈导师要严格要求自身，发挥榜样示范作用，辐射更多同学，营造良好的劳动氛围。

最后，加强各部门间的教育协同作用。全员劳动育人需要全校各个部门协同。除了学生干部工作外，行政和管理人员也应转换工作理念，提升育人意识，在与学生交流中弘扬劳动精神、为学生提供劳动实践机会，同时善于发现问题，并且配合学生工作干部做好学生的教育和引领工作。例如，社区管理工作人员，除了做好学生的管理和服务工作外，也要发挥教育和监督的作用，在日常工作中如发现学生存在教育观念或教育实践方面的问题，应及时给予指导，必要时联络社区辅导员，相互配合做好学生的跟踪指导工作。

（二）全过程渗透，建立长效育人机制，保证劳育连贯性与整体性

劳动教育不能一蹴而就，而是需要从点滴处入手，从长远处着眼，通过长效细微的劳动育人机制来真正对学生的劳动观念和劳动能力产生影响。同时，对于不同时期的学生来说，学生所处教育环境不同，教育目标也不尽相同，因此面向大学生的劳动教育不能一概而论，既要具有一定的针对性和动态性，更要具有长期性与连贯性。

首先，重视大学生入学阶段劳动教育，系好人生第一颗扣子。对于大一新生来说，很多是第一次离开家庭、离开父母，他们缺乏实践知识和劳动锻炼，最迫

切需要的是尽快适应集体生活，培养独立劳动的能力。因此，针对大一新生，高校应在学生一入校就开始组织学生自我服务劳动教育，激发学生劳动兴趣，了解劳动的重要性，例如，充分发挥"全员育人"作用，提高深入宿舍频率，在走访新生宿舍过程中开展劳动教育，发现并整理问题，解决学生当务之急的同时为后续开展系统性的劳动教育打好基础。除此之外，在新生军训中也可融入劳动实践，包括个人实践和集体实践，在集体实践中引入团队意识，使同学们在集体劳动过程中体验收获与快乐，提升劳动兴趣，培养劳动精神。此外，在其他入学教育系列活动中，加强思想引领，可以通过介绍劳动先锋模范事迹或者其他关于劳动教育重要性的内容让学生了解劳动教育的时代内涵与意义，鼓励学生尽快参与到劳动当中，提升劳动素养，适应大学生活。

其次，加强大学生在校期间劳动教育，全面提升劳动素养。大二、大三阶段是学生成长成才的重要阶段，在这一阶段当中学生已基本适应了大学生活，对大学生活的迷茫和疑惑减少了，而学习能力和实践能力都飞快提升了，对基本生活技能的需求开始降低了，而对自我实现和高阶劳动能力的需求不断提高了。因此这一阶段，要全面发挥教育教学主阵地作用，并且充分利用"第二课堂"平台，同时创造各种实践锻炼机会，面向大学生开展更为深入的劳动教育。例如，开设专门劳动教育课程，通过理论结合实践帮助学生掌握劳动技能。或者开展劳育活动，通过趣味又实用的劳动小活动使得同学们在学习技能的同时丰富课余生活，体验劳动的快乐。鼓励同学们参与勤工俭学、社会实践、志愿服务等实践活动，在实践中培养劳动精神，锻炼劳动能力。

最后，深化大学生毕业前期劳动教育，为学生步入社会保驾护航。大学生步入社会前，是开展劳动教育的关键阶段，劳动教育应与就业指导、毕业实习、实训充分结合。一方面，帮助学生准确了解自己的能力水平，认识到不足并及时改进，从而全面提升自己的劳动本领，为将来步入社会更好地生活和成长成才打好基础；另一方面，要在教育中磨炼学生意志、砥砺学生品格，帮助学生形成健全完善的人格，同时培养学生勤奋、踏实、严谨的劳动品质，弘扬新时期"劳模精神""劳动精神"和"工匠精神"，帮助学生更好地适应社会和面对竞争，培养出爱岗敬业、勤奋工作、锐意进取、勇于创造的社会主义建设者和接班人。

（三）全方位融合，丰富劳动教育形式，提升劳育工作实效

全方位劳动育人是指充分挖掘和整合校内校外、课上课下、线上线下多方面教育资源，以更加丰富的形式、更加全面的内容来支持劳动教育，从而更好地满足学生劳动学习需求，激发劳动学习兴趣，提升劳育工作实效。

首先，构建学校、家庭、社会联动的劳育网络。学校、社会和家庭都是开展劳动教育的重要阵地，发挥着重要的育人作用，三方相互配合、相互补充能达到更好的劳动教育实效。第一，全面发挥家庭隐性劳育作用。对于劳动教育而言，家庭教育是学生的启蒙阶段，绝大部分同学的劳动观念、劳动意识，以及基本劳动技能都是从家庭教育当中获得的。因此，为了真正做到全方位劳动育人，要做好家校携手，父母要发挥积极的教育作用。既要注重言传身教，以身作则，为学生树立良好的劳动榜样，同时，也要在家庭创造良好的劳动氛围，让学生从小培养"劳动光荣"的意识。此外，要多为学生创造劳动机会，从锻炼中提升劳动能力。第二，切实发挥学校劳育主阵地作用。从课程、活动、实践、文化、管理等方面进行全方位的劳动教育。通过设置劳动教育培训相关课程和讲座来针对性提升学生劳动素养，通过多种多样的劳育活动和校内实践激发学生的劳动兴趣，并且在实践中一边检验自己的劳动能力，一边学习劳动技能。在学校中营造浓厚的劳育文化氛围，"书院制"模式下的学生社区，作为学生学习和生活的重要场所，在社区中营造劳动氛围，加强管理，可以促进学生培养劳动精神、树立劳动意识，同时促进学生相互之间的交流学习。在社区管理过程当中，可以进一步规范学生行为，发现学生劳动方面存在的不足，并且在社区中为学生提供锻炼自己的机会和平台。第三，充分发挥社会劳育教化作用。社会是锻炼人的大学堂，要充分发

挥社会的育人功能，鼓励学生参与社会实践，到社会当中锻炼自己。例如，参与志愿服务、社会调查、校外实习、勤工俭学等，不仅能够提升学生的劳动素养，同时对于提升学生思想认识，培养学生社会责任感有一定的促进作用。此外，要善于挖掘校外的优秀劳动教育资源，并且尝试以合适的方式引入校内，发挥"学校＋社会"，"1+1＞2"的劳动育人作用。

其次，形成课上、课下互促互补的劳育体系。在学校教育中，按照教育的时间和空间，可分为课堂教育与课外教育，也就是所谓的课堂教育与"第二课堂"教育。课堂上，学生可通过专业的课程学习知识，课堂以外，开辟"第二课堂"，学生通过参与系列有目的、有计划、有组织地开展教育活动来进一步学习知识和技能，并在实践中增长才干。第二课堂与课堂教学相比，时间和地点的选择更为灵活，学生可以根据需要自愿参加，针对性地提升自身。对于劳动教育而言，课堂教学与第二课堂无疑都是重要的教育渠道，两者相互促进、相互补充，共同发挥作用。课堂劳育方面，一方面包括专门开设的劳动教育通识课程，例如，"劳动概论""劳动科学概论"等；另一方面可以将劳动教育融入大学生的专业课程学习当中，强调劳动伦理、劳动态度等，全面培育劳动精神，更要在课程上挖掘关于"工匠精神""劳模精神"等特色劳育资源，开展特色专业劳育课程。第二课堂劳育方面，一方面可结合第一课堂的教育内容，挖掘校内外资源，以丰富生动的形式开展教育活动，作为第一课堂补充；另一方面可通过多种多样形式的劳动活动和实践锻炼，例如，社团活动、宿舍文化、劳育小课堂等形式引导同学们在活动中认识到劳动最光荣、劳动最崇高、劳动最伟大、劳动最美丽的道理，自内而外提升学生劳动素养。

最后，打造线上、线下相互融合的劳育平台。随着互联网的发展和普及，打破传统时间空间限制的"互联网＋"教育越来越多地出现在大中小学校园。对于劳动教育而言，除了传统的线下教育和实地实践活动，也应充分挖掘丰富的线上学习资源，将线上与线下结合，实现"混合式"劳动教育。线上方面，一方面，可以充分利用关于劳动技能教学或者弘扬劳动精神，培养劳动意识的相关教学资源，例如，视频教程、图文教程、典型劳动榜样先进事迹分享等，开设网络劳动课程，依托互联网庞大的信息网络，线上劳动课程涵盖范围更大，资源也更加丰富；另一方面，可以利用网络构建支持师生或者生生间交互的网络平台，为学生提供协作交流的平台，学生们在互联网上分享劳动技能，交流劳动感受，认识劳动伙伴，可以极大地激发学生的劳动热情。线下方面，一方面，通过各种线下课程和实践活动实现劳动育人；另一方面，可以在课程设置时将线上资源融入，使线上、线下相互呼应，相互补充，真正实现"混合式"劳动教育。这种"混合"既包括环境上的混合，也就是网络学习环境与线下教学环境的混合，也包括学习方式的混合，比如，将移动学习与课堂学习相混合，自主学习与集中学习相结合，理论知识学习与实践训练相结合等。同时还包括学习资源的混合，也就是网络劳育资源与线下劳育资源的混合。混合式劳动教育有助于挖掘更多优质的学习资源，提高学习实效，激发学习热情。

总的来说，"三全育人"理念下，"全员""全过程""全方位"三者是相互关联、相互依托的。全员参与是开展"三全育人"理念下劳动教育的基础，是全过程和全方位育人的保障。全过程渗透离不开全员的参与，渗透过程中也需要多方位融合，全方位融入。新时代背景下，开展全员、全过程、全方位的劳动教育，是培养学生劳动价值观和劳动素养，提升育人实效的重要途径，对于打开新时代劳动教育新局面，实现立德树人的人才培养目标具有重要意义。

第四节　精神培育与大学生劳动教育

劳动教育和大学生担当精神的培育是中国特色社会主义教育制度的重要内容，推动高校劳动教育和大学生担当精神的融合发展对加强构建德智体美劳全面发展的教育体系有着重要作用。本节在明晰新时代我国高校劳动教育和大学生担当精神培育的基本内容基础上，探讨高校劳动教育和大学生担当精神融合发展的必要性和重要性。

一、新时代我国高校劳动教育与大学生担当精神培育概述

（一）新时代我国高校劳动教育概述

1.新时代我国高校劳动教育的基本内涵

为构建符合我国发展需要的德智体美劳全面发展的优秀人才教育体系，劳动教育又一次回到了大众视野。

我国的劳动教育是指教育者用一定的实践要求，对受教育者施加有目的、有计划、有组织的影响，使他们形成符合一定社会要求的实践能力和劳动价值观的社会实践活动。受教育者的劳动类型包括生活劳动、生产劳动和服务型劳动。

2.新时代我国高校劳动教育的主要内容

新时期我国高校劳动教育内容有了新的要求，总的来说，我国高校劳动教育主要是围绕生产劳动和服务性劳动展开。

首先是生产劳动，对大学生来说，生产劳动包括勤工助学、实习实训等。通过这样的方式，高校组织学生进行生产劳动，有利于促进学生的社会实践能力，能够为毕业后的创新创业和就业发展奠定实践基础，从而在一定程度上提高学生毕业后的社会适应能力。

其次是服务性劳动，这里所指的服务性劳动是带有公益性的社会实践活动。高校加强学生的服务性劳动教育能够有利于培养奉献精神、担当精神和责任意识，以及为公共服务的意识，一定程度上对塑造大学生的道德品质起到了推动作用。

（二）我国高校大学生担当精神培育概述

1.担当精神的内涵

从"天将降大任于斯人"①到"不破楼兰终不还"②；从"岂因祸福避趋之"③到"横眉冷对千夫指"④，虽然历朝历代对担当精神的理解不同，但是，担当精神从古至今都是中国人引以为傲的民族精神之一。担当精神的内涵是由坚持原则和认真负责两方面构成的。

首先，坚持原则是指，在大是大非面前坚持正确的理论导向和行为导向，不被邪恶蛊惑，敢于同邪恶势力做斗争。对大学生而言，坚持原则就是要坚定理想信念，不被外物蛊惑，积极从事对祖国和人民有利的活动。其次，认真负责是指，敢于承认自己的错误，面对危机能够迎难而上，不畏缩不后退，积极站好每一班岗。对大学生而言，犯错并不可怕，需要有积极承认自己错误的勇气，面对生活中的困难需要积极面对并解决。

2.我国高校大学生担当精神培育的现状

目前我国高校对大学生思想道德建设的重视程度越来越高。这集中体现在高校不断加强和完善教师队伍建设、通过开放"慕课"等公共课程对学生进行教育等。这在一定程度上对大学生担当精神的培育起到了促进作用，使学生产生了一定的担当意识。

此外，在高校对大学生担当精神培育的过程中也出现了理论知识与实践分离、教育形式过于单一等现象。首先是课本理论与社会实践相分离的问题，具体体现在我国高校虽然设置了必修课，但是没有做到将课本中担当精神的理论与具体实践相结合，导致学生对所学的内容不能充分理解。其次，教育形式过于单一。我国绝大多数的高校课程是通过教育者口头讲授实现的，口头讲授法由于局限性学生对于学习内容的接受程度参差不齐。

① 何举芳主编.中华经典美文选读[M].兰州：敦煌文艺出版社，2019.10：196.
② 上海辞书出版社文学鉴赏辞典编纂中心编.文学经典鉴赏 唐诗三百首[M].上海：上海辞书出版社，2019.06：35.
③ 王宗康主编.古诗五百首 历代格律诗萃选[M].兰州：甘肃文化出版社，2015.11：301.
④ 鲁迅著.鲁迅散文诗歌精选集[M].昆明：云南人民出版社，2013.04：162.

二、新时代我国高校劳动教育对大学生担当精神培育的作用

（一）新时代我国开展高校劳动教育对大学生担当精神培育的必要性

1. 高校开展劳动教育是培育大学生担当精神的重要途径之一

我国高校开展的劳动教育，对大学生实践能力的培育和民族精神的培育都有重要作用。首先，通过对大学生实行劳动教育，特别是生产性劳动教育在一定程度上能够提高大学生社会实践能力。我国普通高校通过对大学生实行生产性劳动教育，培养大学生劳动意识和动手能力，使大学生具备一定的社会实践能力，在大学生走向社会后能够更快适应社会。

其次，通过对大学生实行劳动教育，特别是服务性劳动教育，在一定程度上能够促进大学生对社会主义核心价值观和民族精神的理解。比如，很多同学毕业后选择参加"三支一扶"或在社区进行义务劳动，用自己的行动诠释青春。这些同学用自己的行动为千千万万的大学生上了一堂课，告诉了我们什么是担当精神，这就是劳动教育优越性，通过劳动教育可以培育大学生的担当精神。

2. 培育大学生担当精神可以推动高校劳动教育目标的实现

新时代劳动教育主要育人目标就是针对一些青少年中出现的不珍惜劳动成果、不想劳动、不会劳动的现象，从思想认识、情感态度、能力习惯三方面面向全体学生提出劳动教育目标，突出强调劳动教育的思想性。我国新时代劳动教育的目标主要从思想认识、情感态度和能力习惯三个角度来阐释。想要养成良好的能力习惯就必须从思想上坚定劳动观，从情感上培养奋斗奉献的劳动精神。培育大学生的担当精神，能够使大学生从情感上养成乐于奉献勇于担当的精神，从而形成正确的家国观、人生观。这对劳动教育目标的实现有着重要作用。

（二）新时代我国高校开展劳动教育对大学生担当精神培育的重要性

1.高校开展劳动教育使大学生担当精神的培育从理论走向实践

针对我国高校对大学生担当精神的培育存在理论知识与实践分离、教育形式过于单一等问题，在高校实施劳动教育能够丰富担当精神培育的形式和内容，使大学生担当精神的培育从教育者的口头讲述和课本的理论知识中得到延伸，采取更加生动灵活的劳动实践手段，让大学生能够潜移默化地学习担当精神，并对他们产生深远持久的影响。高校开展劳动教育，使同学们走向实践，一方面提高了同学们的热情，另一方面理论与实践相结合巩固了担当精神培育的效果。

2.高校开展劳动教育创新了大学生担当精神培育的方式方法

我国高校传统的担当精神培育方式主要是通过必修课和选修课进行理论灌输和引导。其他方式还有开展活动或主题班会，以及学生组织的引导等。劳动教育的开展，为大学生担当精神的培育提供了新的方式方法，学生可以走出课堂，用切身体验去领悟什么是担当精神。在这种新的教育方式的推动下，学生可以在劳动中将课堂所学理论知识与实践相结合，不仅丰富了担当精神培育教学的内容，也完善了担当精神培育教育教学模式。

三、新时代我国高校劳动教育与大学生担当精神培育的融合路径探析

（一）新时代我国高校应促成劳动教育与担当精神培育理论的融合

新时代，为把我国建设成为富强、民主、文明、和谐、美丽的社会主义现代化国家，作为大学生应该做到德智体美劳全面发展，劳动教育不仅要靠实践，理论教育的重要性也不容忽视。在进行劳动教育的理论教育过程中，我们也应该看到其与担当精神教育的联系。认真负责、坚持原则作为大学生担当精神的重要内容，不

仅体现在担当精神的培育中，还体现在劳动教育的理论教育中。劳动不仅要做，还要"做好"。要教育学生"做好"劳动，认真负责，就必须在劳动教育的理论教育过程中融入大学生担当精神的培养，这样才能提高劳动效率，将劳动教育的成果充分展现。与此同时，也能在劳动中培养大学生的担当精神，一举两得。

（二）我国高校应促成劳动教育与担当精神培育实践的融合

高校应因地制宜利用社会历史文化资源，在劳动中培育大学生的担当精神。高校应该因地制宜利用当地特有的历史文化遗迹，将劳动教育与担当精神的培育融入其中，使学生在环境中潜移默化地接受劳动教育和担当精神的培育，这样还能使历史文化遗迹在当今社会焕发新的活力。比如，组织学生在当地爱国主义教育基地做志愿讲解员，或者利用当地的历史文化场馆，通过组织同学实地参观或调研达到劳动教育与担当精神培育的融合。

高校应充分发挥服务性学生组织的影响力，促成劳动教育与担当精神培育的融合。我国高校有形式各样的学生组织。其中，有很多服务性的学生组织，比如，志愿者协会、学生服务中心等。但是，这类学生组织开展活动过程中往往存在无法切实保障学生的安全等问题。这与高校对此类学生组织的重视程度不够有很大关系。在开展劳动教育过程中，高校应该看到这类学生组织的潜力，充分利用学生组织资源，分配老师配合学生组织工作。通过学生组织组织学生进行劳动教育，能够让学生们在自我管理中进行劳动教育的同时，督促学生在服务性劳动结束后，积极总结感悟，培养大学生担当精神。

高校应充分利用学生寒暑假社会实践活动促成劳动教育与担当精神培育的融合。目前，各高校都会在寒暑假组织学生进行社会实践，社会实践种类非常丰富，小到社区服务，大到环境治理等。随着这些年高校对大学生寒暑假社会实践模式的不断探索，部分高校有了较为完备的寒暑假社会实践体系。但是，对于寒暑假社会实践成果的评价，大多数的高校存在重视程度不够高以及并没有将其与实际劳动学分相结合的现象。这就导致大学生寒暑假社会实践趋于形式化，并没有充分挖掘其教育潜力。所以，针对以上现象，高校应该充分发挥社会实践的功能，使高校学生正确认识责任与担当、劳动的意义与价值的关系。比如，高校可以将寒暑假社会实践的学分与劳动教育的学分挂钩；组织负责劳动教育教师做社会实践的带队人，在社会实践过程中和开学后，对参加寒暑假社会实践的学生进行评价等，增强大学生的社会实践能力，也能在评价中找到信心，更加积极地接受劳动教育。

第五节　社会工作与大学生劳动教育

社会工作独特的专业优势及其与劳动教育的内在契合性，为大学生劳动教育借鉴社会工作的工作方法提供了可行性。社会工作方法主要有个案工作方法、小组工作方法和社区工作方法。社会工作方法介入大学生劳动教育的具体实施路径为：借鉴个案工作方法，推进常态化劳动教育个案辅导，提高家庭在劳动教育过程中的参与性；借鉴小组工作方法，通过建立劳动教育理论学习小组、劳动教育兴趣小组和劳动榜样小组，激发大学生劳动教育的积极性，形成人人参与的良好氛围；借鉴社区工作方法，通过发展学生自治组织，培育校园劳动文化，利用社区资源开展劳动教育，培养大学生劳动实践能力。

劳动教育是以提升人的劳动素养、促进人的全面发展为目标的教育活动，直接影响乃至决定人的劳动精神面貌、劳动价值取向和劳动技能水平。大学生劳动教育，承载着培养社会主义建设者和接班人的重大使命，是高校实现立德树人根本任务的内在要求和重要途径。社会工作与劳动教育在价值观念、工作目标上具有内在契合性。以社会工作专业方法为切入点，探索借鉴其为大学生劳动教育服务的有效路径，对于培养大学生热爱劳动、诚实劳动、创造性劳动的品格，培养德智体美劳全面发展的社会主义建设者和接班人具有重要的理论意义和实践意义。目前，学界对大学生劳动教育的研究主要集中于从教育学、管理学的角度来阐释其概念，缺乏从社会工作专业的角度探索其实践。鉴于此，本节拟从社会工作服务于大学生劳动教育的可行性出发，探索其路径与方法，以供学界参考。

一、社会工作介入大学生劳动教育的可行性

社会工作自身的专业优势及其与劳动教育目标的契合性，为社会工作介入劳动教育提供了可行性。

其一，从问题导向来看，社会工作对解决劳动教育问题具有独一无二的专业优势。当前高校开展劳动教育的相关课程较少，且对其缺乏科学化、体系化的管理，劳动教育内容单一，教学方式方法简单，缺乏实践教学，教育过程缺乏互动性、针对性、实效性、持久性。如何破解当前劳动教育的困境呢？我们认为，以社会工作专业方法作为切入点，可为探索其介入高校劳动教育提供新的视角。这是因为：一是社会工作作为一门实践性很强的专业，能为大学生提供丰富的劳动实践机会。社会工作者因其工作性质而具备链接公益资源的条件和能力，可以为大学生提供与学校、社区、社会等场所紧密结合的劳动机会，如专业实习或公益活动等；大学生也可为各公益机构、各社区提供活动方案创意、劳动宣传，以及志愿服务等特色劳动服务，实现资源共享互补。二是社会工作具有激发人的潜能、促进人全面发展的特点。社会工作者对服务对象收集资料并进行具体判断后，确定其是具备能力还是存在问题，而后可以充分利用周围资源对其形成有力支持，以提升服务对象的能力。三是社会工作具有全面、整合的服务特点，可提供综合服务。个人的成长与社会环境的改变密切相连，而社会环境的改变又与个人的成长密不可分。从劳动教育本身来看，其实施的基本途径是家庭教育，主要途径是学校教育，而社会教育则是前两种教育的延续和拓展。社会工作的服务对象不仅可以是大学生个体或群体，还可以是其家庭或社区等。若将服务对象定为大学生的家庭，可通过个案工作的专业方法，改变家庭不合理教育方式，完善家庭功能，从而纠正大学生的劳动观念与行为。

其二，从目标来看，社会工作与劳动教育具有内在的契合性。劳动教育主要是劳动价值观教育，是人们在劳动过程中表现出来的情感态度和价值取向，人们对劳动与自身关系的认识、如何看待个人劳动与社会劳动之间的关系等与劳动有关的认识问题，对人们的劳动选择和劳动行为起着引导和支配的作用。劳动教育具有强烈的时代特征与社会属性，一个人的劳动观极其重要，是一个人未来发展的基础。人的全面发展最根本的是人的劳动能力的全面发展，即人的智力和体力的充分、统一的发展。劳动教育旨在培养大学生发展创造性劳动的潜质，具备一定的劳动知识与技能，具备良好的劳动习惯，具有正确的劳动价值观念的高素质全面发展人才。劳动教育的过程就是激发大学生劳动潜能、培训其劳动技能、培育其劳动情怀的过程，同时也是大学生接受社会模塑从而被社会化的过程。而从社会工作目标来看，社会工作在服务对象层面的目标为解救危难、缓解困难、激发个人潜能和促进发展。社会工作关注服务对象能力的发掘与运用，强调社会要提供机会，让每个人成长和发展，以实现其最大的潜能，让人人有平等机会参与社会活动。社会工作坚持助人自助的价值理念，强调通过社会工作者对服务对象的平等、尊重、接纳，使大学生提升理论素养，参与生产劳动实践，加深对劳动的正确认知，勤奋做事、勤勉为人，用劳动创造美丽人生，用奋斗谱写幸福乐章，使大学生朝着"德智体美劳"综合发展的培养目标努力，成为合格的社会主义建设者和接班人。

二、社会工作方法介入大学生劳动教育的路径

社会工作方法有个案工作方法、小组工作方法、社区工作方法。这三种工作方法都可以为大学生劳动教育提供可行的实施路径。

（一）将个案工作方法介入大学生劳动教育中

个案工作是指运用专业的知识、方法和技巧，通过一系列专业工作，帮助遭遇困难的个人或家庭发掘和运用自身的能力、周围的资源，改善个人与社会环境之间的适应状况，实现对人的尊重和肯定的过程。个案工作具有自己鲜明的特色，秉

持接纳、尊重、个别化的价值理念。运用个案工作方法对大学生进行劳动教育，可帮助大学生探索自我，纠正其劳动价值观偏差，从而树立正确、科学的劳动价值观。

推进常态化劳动教育个案服务。个案工作是社会工作者与服务对象——大学生——一对一相互影响、相互作用的过程，注重发掘和运用服务对象自身的能力及其周围环境的资源，恢复和增强个人或家庭的社会功能。在服务对象确定阶段，社会工作者通过大学生的班主任和辅导员的转介、朋友的推介或大学生主动寻求获得服务，确定服务对象，并从生态系统角度对服务对象的需求开展评估，从而制订有针对性的专业服务计划。社会工作充分运用会谈、记录、收集资料、策划方案、评估等技巧，发挥个案服务的心理疏导功能与素质教育功能，使其成为学校德育实践的一部分。个案服务要求社会工作者将服务扎根于学校，对服务对象保持跟进与定期回访，同时还要求要特别注重个案工作中支持性、引领性、影响性技巧的运用，以确保服务效果的持久性。只有用积极定期的个案服务取代训斥的教化方式，才能够有效克服大学生的逆反心理，保护其自尊心，使其易于接受和理解。对长期无法完成劳动教育理论学习、具有突出的懒惰习惯和过度依赖家庭特征的服务对象，可通过认知错误的辨认，对其进行劳动意识的认知重塑。常态化劳动教育个案服务可通过会谈的方式进行。当服务对象出现对劳动的错误认知时，社会工作者可通过引导性、影响性的技巧，如澄清、建议、忠告、对质等，重塑服务对象的认知行为。

提升家庭在劳动教育过程中的参与性。大学生劳动观念淡薄、劳动技能缺失等问题与家庭教育的缺失有着紧密联系。家庭为大学生提供了经济与情感支持，家庭成员的言行举止、生活方式会对大学生产生巨大影响，家庭成员对劳动教育的认可，有利于推动大学生劳动教育的开展。社会工作者通过加强与家庭成员的合作，充分发挥家庭在劳动个案中的教育功能，对于提升家庭在劳动教育过程中的参与性，建立劳动教育良好的社会支持网络，为大学生劳动教育创造良好的环境条件，都具有重要意义。社会工作者在个案过程中通过心理疏导、价值引导，可帮助大学生重估过去经验，改变大学生对劳动排斥的态度，树立正确的劳动价值观。具体路径包括：一是社会工作者应邀请学生及其家庭成员一同参与到制订计划、资源整合与评估的整个教育过程中。在申请与接案工作阶段，家庭成员也可提出愿望与诉求，参与到接案评估过程中。在预估与问题诊断阶段和计划制订阶段，家庭成员辅助提供服务对象的个人详细资料，这有助于社会工作者对服务对象的表现、问题成因、资源等进行更加科学的诊断。二是在开展服务阶段，每次会谈的问题与成效不仅要与服务对象进行交流，还要与家庭成员一同推进服务，发挥家庭的教育功能，共同发掘服务对象的潜在能力，促使其发生有效改变。在协调、评估与接案时，家庭成员要为服务对象参与劳动活动发挥教育、监督的作用，并为社会工作者提供持续跟进的信息反馈。三是家长在个案进行的过程中也应全面了解学生的问题与需求，家长与学生之间要加强沟通与联系，对于那些歧视劳动者、拒绝劳动、懒惰等不良意识和行为，特别需要大学生家庭的深度参与，有效防治、及时引导、反馈信息、持续跟进。

（二）将小组工作方法介入大学生劳动教育中

小组工作是经由社会工作者的策划与指导，通过小组活动过程与组员之间的互动和经验分享，帮助小组成员改善其社会功能，促进其转变和成长，以达到预防和解决有关社会问题的目标的社会工作专业方法。小组工作注重人与人之间的依存与互动关系，通过成员间的相互依存与相互影响，以形成特定的小组文化与社会关系氛围。小组工作方法相对个案工作方法的适用范围更加广泛，能够有效弥补个案方法的不足，充分考虑大学生群体的个性需要，具有较强的体验感、趣味性、创造力与活动性。针对不同劳动需求的大学生，可以组织不同目标的小组活动，包括建立劳动教育理论学习小组、劳动兴趣小组、劳动榜样小组等。

建立劳动教育理论学习小组。劳动教育理论学习小组是组织小组成员学习理论著作、研机析理，提升自身劳动理论素养的学习小组。理论学习小组应实时跟进劳动教育理论，将前沿的思想以立体化、趣味化的方式传达给大学生，帮助其提高对劳动的认知，促进其正确、科学劳动价值观的树立。社会工作者可组建相应的劳动教育理论学习小组，促进劳动教育的推行。劳动教育理论学习小组可灵活选择活动内容以提升理论学习深度，如劳动教育读书会、研讨会、分享会等。除了建立全新的理论学习小组外，还可借助现有的党员小组、兴趣社团等开展劳动教育学习活动。在小组设计的过程中，应以理论学习为主，以实践活动为辅，注重大学生积极劳动思想的形成。小组工作方法介入劳动教育，可以适当开展多样化社会调查、社会生产劳动、志愿公益活动、创造发明、专业实习和勤工助学等社会实践活动，以加深小组成员对理论的理解，提升理论与实践的契合度，促进劳动教育的知行合一。

建立劳动教育兴趣小组。可在具有共同劳动兴趣的大学生中建立劳动教育兴趣小组，在相似性中形成彼此间的互助与支持，有利于劳动教育的开展。兴趣小组可采用小组讨论、行为训练、心理剧、角色扮演、游戏辅导、辩论、案例分析、报告会、演讲活动、影视欣赏等形式，以激发大学生兴趣，达到纠正其不良劳动态度，帮助其树立正确、科学劳动价值观的目的。社会工作者还可利用社区、街道、各类社会组织、学生社团等资源，开设水暖电器维修、室内装修、手工缝纫、编织、刺绣、书法和烹饪等方面的劳动技能课，增强大学生对劳动课的热爱，让劳动实践向知识化、技能化、艺术化等方面发展提升，给予大学生多方面实践的机会。

建立劳动榜样小组。劳动教育离不开榜样力量的激励，劳动榜样人物是崇高劳动精神的集中体现。劳动榜样小组的设计，应遵循兴趣教育原则、真实性与时代性结合原则和目标性原则。在实施过程中，社会工作者应结合学生的身心特点与兴趣，选取典型作为榜样，以激发大学生劳动教育的积极性。榜样的选取与活动设计一定要具有说服力与示范作用。另外，榜样的选取还应以有助于学生劳动价值观的树立、劳动技能的成长作为主要指标，遵循小组工作流程，对其需求进行预估，并制定相应的阶段性工作目标，为案主提供服务并及时跟踪反馈。社会工作者可通过宣讲革命先辈的奋斗历史、当代优秀劳动模范的榜样精神，宣传榜样蕴含的劳动精神与优秀品质。通过建立组内奖励机制，对具有示范引领作用的小组劳动模范予以鼓励，使小组成员感受到劳动的尊严、价值与意义，以达到改变劳动偏见、改善劳动行为、增长劳动知识的教育目的。同时,劳动榜样小组应注重引导小组成员查找自身与榜样人物之间的差异,充分发掘自身潜能,自觉提升自身素养。为充分发挥劳动榜样人物的重要作用,社会工作者可利用劳动模范、劳动案例等资源,分享优秀实习生、创业者的经验,推进组员与榜样之间的沟通交流,促进小组成员的健康成长。

(三)将社区工作方法介入大学生劳动教育中

社区工作旨在以社区为对象,运用专业方法提高居民认识,调动居民充分利用社区资源,自主解决社区问题。社区多指具有某种互动关系和共同文化维系力的人类群体的活动区域。大学校园是社会学所强调的地域生活共同体,具备社区的基本特征。将社区工作方法介入大学生劳动教育中,可从以下三方面着手。

发展学生自治组织。社会工作者应借助校园文化,鼓励大学生成为公共参与、升级发展、邻里互助、文化多元、环境友好"五位一体"的美好社区格局的主要建设者。社会工作者可借助学生会、社团等学生自治组织,参与到学生自治过程中,促进大学生关注公共事务。孵化和培育大学生自治组织可通过这两个渠道:一是培育大学生组织骨干力量,将优秀组织者培育为自治组织的领袖人物,打造具有自治管理的优秀团队,通过团队增强内部成员的凝聚力和向心力,增强大学生对劳动教育的领悟力和认可度,创新教育理念,从而推动教育理念深入人心。二是激励学生自治组织开展诸如志愿公益、劳动技能、手工制作、科技创造、职业体验等形式多样、内容丰富的校园活动。开展具有感染力与趣味性的校园性活动,使大学生在集体行为中投入情感,深化对劳动的认知,有利于扩大劳动教育的范围,提高大学生的参与度。

培育校园劳动文化。良好的校园文化是实现高校立德树人根本任务的隐性资源,也是劳动教育的重要载体。校园文化是指以高校学生特有的思想观念、价值取向、思维方式为主导,通过在校园内开展实践活动而形成的特有的精神环境和文化氛围。同社会文化一样,校园文化也是一个复杂的整体,其中蕴含着高校的教育制度、文化特色、校风学风、历史传统等。将校园文化渗透在劳动教育中，既能为校园文化注入劳动模范精神、大国工匠精神、艰苦奋斗精神等内容，进一步推动校园文化的内涵式发展，又能营造出劳动无时不在、无处不在的良好校园氛围。而良好的校园劳动文化氛围又能重塑大学生的精神风貌，对于落实立德树人根本任务、提升人才培养质量具有重要意义。社会工作者可通过加强与大学生学生会、社团、学校后勤保障部门的沟通联系，有效利用资源，共同开展富有劳动教育意义的实践活动，使大学生在校园文化活动中近距离感受劳动魅力，体悟劳动光荣。具体来说，可以开展诸如手工制作大赛、劳动主题辩论赛、劳动教育知识竞赛、劳动主题征文活动、劳动短片征集活动等。高校应运用现代技术，积极拓展新媒体领域，构建劳动信息传播平台。这些活动的开展，有利于形成崇尚劳动的校园氛围。校园文化活动的开展还应抓住 00 后大学生的特点，充分运用新媒体，实现线上与线下的统一，以增强实效性。例如，可利用微信公众号、微博等，定期在平台上发布兼具趣味性、知识性、思想性的劳动知识和校园活动；通过开设"劳模进校园""榜样在身边"等专题活动，采用微图说、微视频、面对面访谈等形式，分享劳动经历、传递劳动价值。只有这样，才能增强劳动教育的时代感、亲切感，让劳动教育"活"起来，让劳动教育"动"起来。

利用社区资源开展劳动教育。劳动教育旨在激发大学生的劳动热情，使其自主参与到学校、社区、社会治理中，增强其持续参与的活力，在社区实践中培育其劳动精神。社会工作者可通过动员和协调社区内外资源，有计划、有步骤地发动、组织大学生积极参与社区劳动教育活动，并以此培养大学生的劳动神圣意识和劳动参与热情。社区实践是大学生劳动实践的一部分，通过与社区联合，发现社区问题，整合学校资源，开展劳动实践，这对于增强大学生的劳动技能，厚植劳动情怀，养成良好劳动习惯，具有积极的意义。学校应与社区进行紧密合作，利用学生力量帮助社区开展各类创建活动，在解决社区实际问题中达到劳动教育的目的。此外，还可设置周末社区劳动岗位，鼓励大学生走进居民生活，开展配送快递、维修护理、卫生保洁、环境绿化等便民利民服务活动。大学周边社区可多开设一些大学生服务岗，为大学生志愿服务、参加社区劳动创造机会。大学生志愿服务的过程是从课堂走向社会的过程，是将劳动教育理论应用于劳动实践的过程，这个过程可使大学生学会生存、学会合作、学会创造、学会适应社会，这对于锤炼大学生的精神品质，树立正确、科学的劳动价值观，具有重要意义。

借助社会工作的科学方法开展大学生劳动教育，不仅必要，而且可行。社会工作的工作方法为大学生劳动教育提供了可行的视角和切入点。社会工作的工作方法介入大学生劳动教育，既是对具有中国特色劳动教育模式的积极探索，也是对努力实现社会工作本土化的积极回应。不过，需要指出的是，将社会工作的工作方法运用于大学生的劳动教育不是孤立的，而是整体的、系统的。要提高社会工作方法介入的实效性，三种方法须协调配合，形成合力，发挥整体功效。全面加强新时代大中小学劳动教育是全社会共同的责任，是一个系统工程，需要政府加强统筹，整合家庭、学校、社会各方面力量，拓宽教育途径，共同发力。面对新时代对在校学生加强劳动教育的新要求，社会工作者在劳动教育中大有可为，也将扮演劳动教育指导者、资源链接者等多重角色。高校应结合学校自身的特色和实际，充分发挥社会工作者在劳动教育中的作用，通过社会工作专业方法提高劳动教育的实效性和针对性。

第六节　传统文化与大学生劳动教育

中华优秀传统文化是高校大学生劳动教育不可或缺的组成部分，对当下我国高校大学生劳动教育具有重要作用。新时代劳动教育蕴含着的丰富的价值目标，即是加强劳动教育，有利于实现强身健体；有利于塑造核心价值观；有利于促进人的全面发展。劳动人民在历史长河和时间积淀中形成的中华优秀传统文化，是新时代大学生劳动教育的重要文化资源。推动中华优秀传统文化融入大学生劳动教育，我们需要探寻两者有效融合的路径。

劳动教育问题受到了来自社会各方的关注和讨论。如何正确认识新时代视域下大学生劳动教育的价值底蕴，如何在大学生中开展有效持续的劳动教育迅速成为学术界关注的焦点问题。中华优秀传统文化是我国劳动人民在长期的生产社会实践中积淀的一种特殊文化形态，蕴含着丰富的劳动教育资源。因此，推动中华优秀传统文化有机融入大学生劳动教育，符合时代价值和现实意义。

一、新时代大学生劳动教育的意义追寻

（一）劳动教育有利于实现强身健体

劳动在人类进化过程中承担着重要的作用。猿类向人类进化过程中，以劳动作为载体开始练习直立行走，逐渐将四肢独立出来，四肢的发展带动了整个身体机能的发展，最终发展成为具有独立意识的"人"。而正是通过劳动这一载体，才使得动物和人的界限逐渐清晰。当下，全民健康水平不断下降，亚健康的趋势愈演愈烈。为了更好地适应高强度快节奏的社会生活，人类必须使得身体的各个器官、各项系统充分地活动起来。通过劳动教育使得大学生拥有强健的身体，尤为重要的是实现劳动教育的机能"协同"。这里说的"劳动"不仅仅是身体上的训练，而是指身心合一、身体力行、动手操作的活动。通过劳动教育强身健体，充分地调动肉体的耐力、毅力，也增强了心灵的专注、投入、兴奋和需要。大学生以积极能动的态度投入劳动过程，能够有效地发挥创新性，提升个体的精神世界，促进个性自由全面发展。

（二）劳动教育有利于塑造核心价值观

在新时代背景下，大学生是未来社会主义建设的生力军，更是实现"两个一百年"宏伟目标的中坚力量。因此，让广大大学生明白劳动的重要性，是在和谐的劳动关系中推动社会进步、实现中国梦的前提条件。随着新时代的发展，社会大力提倡劳模精神和工匠精神的建构，这是从劳动这一维度对个人去践行社会主义核心劳动观提出的历史使命和时代担当。劳动教育是实施素质教育的重要一环，对树德、增智、强体、育美起着重要的作用。高校通过开设劳动教育课程和借助社会实践等方式，帮助大学生树立科学的劳动价值观，并明白劳动教育的深厚内涵和价值，从而能够形成崇尚"劳动光荣"的良好风尚，逐渐帮助大学生树立社会主义劳动核心价值观。

（三）劳动教育有利于促进人的全面发展

人的全面发展是在实践过程中不断地获得身心解放和自由、丰富人的本质的过程。然而，完成人的全面发展离不开劳动这一载体。生产劳动与智育、体育的有机融合，能够不断将无形的力量转化为可量化的生产力，也可以借助这种手段不断地促进人的全面发展。因此，实现个人发展的重要途径离不开劳动教育。现代教育应该把教育融入生产劳动的全过程，提供丰富的教育文化资源，将终身教育的精神熔铸于人的全面发展。新型的劳动教育，会使个体摆脱原有的狭隘劳动的片面性，提高人的创造能力，促进人的自由全面发展。

二、中华优秀传统文化的劳动教育价值意蕴

新时代背景下，劳动教育绝不是简单意义上劳动技术知识和劳动技能的教育，更重要的是对学生进行科学的劳动观教育，开展丰富的教育活动，从而实现增智、树德、促创新的价值目标。我们在新时代环境下想要开展有效的劳动教育，就需要从中华优秀传统文化中汲取营养，找寻无法替代的劳动教育资源，整合深邃的劳动精神。

（一）中华优秀传统文化彰显了劳动的哲学价值

人的生产劳动不仅是作为生存发展的外在需要，也是人们调节人与德行的内化方式。我们的祖先在农耕劳动中制造了一系列劳动工具，从简单粗放的石质工具到精耕细作的农产工具，都体现了中华人民在生产劳动中的智慧之美。农耕时代，单个的劳作方式不足以让人类存活下来。于是，群体的劳作方式成为华夏人

民的必然选择。他们利用劳作的空余时间，将他们的生产生活经验口耳相授地保存下来，给千万华夏儿女留下宝贵的精神财富。早在春秋时代，孔子就提出了勤劳是成仁尽孝的内在德行。孔子的"仁孝"观念中，他认为仁德是成人之根本，而勤劳则是成人成德的内在要求和逻辑前提，从中我们可以看到，孔子认为劳动教育对于养成仁德、勤劳的品质有着独特的作用。中华优秀传统文化处处彰显了劳动的重要性，劳动是修炼内在德修养的最好方式。这是中华民族在生产实践中总结出来的宝贵经验，更是人们思想观念从束缚走向解放的巨大飞跃。

（二）中华优秀传统文化阐释了劳动的生态智慧

传统的农耕方式遵循自然法则，改善了原有的自然条件，也为物质的循环可持续生产提供了支撑，是一种"天人合一"的生态逻辑。华夏祖先利用自然改造世界，不仅体现了辛勤劳动的奋斗精神，但更为重要的是他们顺应天命、艰苦朴素和宽以待人的精神内核。中国古代占据主流地位的哲学观强调"天人感应"，讲究天时、地利、人和的相互作用力。这种哲学观作为中国古代宇宙观的核心要素，衍生出很多对于指导农业生产的实际建议。这些指导作用均强调了一种生态和谐之美，随着这种自然和谐之美慢慢升华，使得人与自然的依赖关系逐渐地转变到人与人，人与社会的关系。

（三）中华优秀传统文化传播了劳动创新精神

人类从采集食物到农业生产，并不是一蹴而就的，这需要长期不懈地摸索和尝试。在人们对客观事物不断认识的过程中，个体的主观能动性和实践创造性也随之大幅度地提高。当我们惊叹于中华文化博大精深、鬼斧神工的时候，应该清晰地看到，这些都离不开中华民族的辛勤劳动和伟大的创造能力。《齐民要术》①是人们对农耕工具、农耕技术的创新性总结；古代的四大发明是华夏人民的创新性发明并传播到世界各地；天文、水利技术都是劳动人民总结生产生活的宝贵经验，体现了劳动人民的创造性。

① （北魏）贾思勰《齐民要术》，北京：中华书局 2020 年版.

三、中华优秀传统文化融入大学生劳动教育的实践路径

（一）改变观念，提高认识

对中华优秀传统文化的学习，首先要让大学生改变自身原有的错误认识，他们认为中华优秀传统文化不再能够跟得上信息化时代的需要。因此，大力增强大学生中华优秀传统文化的认同感，是提升劳动教育效果的前提条件。大学生对中华优秀传统文化的理解，在某种程度上影响着中华优秀传统文化与劳动教育两者相融合的效果。首先，教师可以利用课堂教学这个主阵地，深入挖掘中华优秀传统文化和新时代下大学生的劳动教育两者之间的相关性，结合中华优秀传统文化的核心精髓多形式地对大学生进行劳动教育。其次，可以鼓励大学生阅读具有代表性的书籍，从中吸取劳动文化精华，领悟劳动文化的魅力，使得大学生更深入地了解劳动文化。除此之外，将单一形式的劳动教育活动转化为常态化教育，通过微信、微博、快手等网络媒介，建立交流论坛，在日常生活中就可以感受到劳动文化的学术氛围，增强大学生学习传统文化的兴趣。

（二）亲身体验，融入实践

新时代下，大学生的劳动教育不应该是停留在课堂上的理论层面上，而是应该积极探寻多种大学生所喜闻乐见的内容形式，创新性地开展丰富多彩的大学生劳动教育活动。因此，现阶段，高校应将中华优秀传统文化融入劳动教育工作，应当着重突出劳动教育这一主题，致力于把劳动教育深入落实高校大学生社会实践活动的整体规划，而不是将劳动教育浮于表层。积极发掘适用于高校大学生劳动教育的社会资源，一方面，将优秀传统文化融入社会实践，实现课堂教学与实践体验相结合。比如，可以经常组织同学们积极踊跃参与社区服务，鼓励同学们深入实践，加入寒暑假志愿服务活动。另一方面，高校可以抓住以重大历史节日为契机，努力探寻传统节日积淀的文化因子，并可依托我国的"劳动节"等传统

节日，开展多种形式的劳动教育主题活动，使得高校的学生们能够逐渐地在实际参与体验中将劳动教育的理念内化。

（三）让文化资源走进校园

加强中华传统文化的学习，推进中华优秀传统文化资源走进校园。一要挖掘传统优秀文化资源的研究，旨在将我国优秀传统文化中的"劳于利己""劳动至上"的思想内核融进实际活动之中，逐步引领大学生们对我国优秀传统文化的认知感。二要推进文化传承的实践，要寓学于行，坚持学习实践相结合。在文化资源学习研究中，走向社会，开展丰富的社会实践活动，使得文化资源更好地得到宣传。三要使文化资源承载的劳育品质外化为为民服务的实际活动。可以说中华优秀传统文化资源进校园，是实施劳动教育的核心内容，是提升劳动教育的重要手段。

总之，广大教育工作者要善于深挖中华优秀传统文化中的文化资源，大力研究劳动教育的价值，通过有效的劳动教育活动为新时代的建设培养出合格的劳动者和接班人。在大学生劳动教育过程中，要充分挖掘中华优秀传统文化的丰富资源，将中华优秀传统文化和劳动教育活动有效整合，构建校园崇尚劳动的良好风尚。创新劳动教育形式，充分借助中华优秀传统文化的优势，多途径地传播和弘扬优秀的劳动观，这对于开展大学生劳动教育是有效的措施。

第三章　大学生劳动教育观念建设

第一节　大学生劳动实践教育

造就用科学文化知识和实践能力武装起来的心智健康的复合型人才，是社会赋予高校的重任，学校应当培养综合素质全面的人才。劳动实践是素质教育的重要组成部分，有利于大学生德育、智力、身体、心理健康等素质的发展。目前，设立劳动实践课堂、开展短期劳动实践活动、提供劳动服务岗位是有效的劳动实践教育措施。

造就用科学文化知识和实践能力武装起来的心智健康的复合型人才，是社会赋予高校的重任。但是，受到社会教育大环境、成长环境等影响，当代大学生过分强调智育发展，忽视劳动实践环节，出现了品格素质、专业素质、身体素质、人文素质等部分素质欠缺的情况。随着社会主义市场经济体制的建立，如何按照市场经济的规律和社会对人才的要求，全面认识和加强大学生实践教育，成为高校教育面临的一个重要课题。笔者认为，我们对艰苦奋斗、勤俭节约的道德宣讲不可谓不多，但反面现象依然存在，关键是学生缺乏实践上的体验和锻炼。造成这种问题的原因很多，如成长环境、家庭教育、升学制度、社会价值取向等，然而，高校教育总环节上实践教育的缺失，也是重要原因之一，对此应引起足够重视。

一、劳动实践教育的重要性

第一，劳动实践是素质教育的重要组成部分；第二，劳动实践能够促进德育提升；第三，劳动实践能够为立业打下基础；第四，劳动实践能够培养健康的心理素质；第五，劳动实践有利于智育发展。

知识经济时代带来了科技飞速发展，新产品技术日新月异，仅靠学校现有的知识内容和体系，大学生很难面对知识风暴的局面，难以融入社会。目前大学生不仅需要扎实的知识内容基础，更需要利用大学的教育资源和科研实力加以探究和论证，而"劳动实践教育"为社会和学校架起了一座沟通的桥梁。

二、劳动实践教育的实施措施

（一）树立先进实践教育理念，开设劳动实践课

为了不使劳动实践教育流于形式，学校应转变教育模式，以教材、课堂、教师为中心，将劳动实践课作为必修课列入教学计划中。劳动教育是思想道德教育的重要内容，我们可以将劳动教育纳入学校教育与管理范畴。由于劳动实践教育与其他学科教育不同，实施过程中需要有多个部门的协调与配合。在具体操作上，可以成立一个协调联动的机构，建立科学稳定的教育管理制度，防止劳动教育流于形式。大学生在四年学习期间每学期必须接受为期一周的劳动实践教育，形式可以包括清扫校园，打扫教室、卫生间，清理校园的垃圾、小广告，植树栽花、拔除杂草、整理实验室等。劳动实践不仅要有时间要求，而且要保证一定的劳动指标和劳动强度，否则就会变成走过场。不能让学生疲疲沓沓、似干非干，要让学生出力、流汗，只有这样才能达到锻炼筋骨、培养韧性和意志的目的。

（二）开展短期的劳动实践活动

劳动实践课是增强劳动教育的最好形式，在现阶段我们可以先通过短期活动的形式，让学生参与到劳动实践中来。例如，笔者所在的后勤保障处与学生党支部共同组织了"'红色1+1'植绿护绿、美化校园"主题共建活动，让同学们拿起农具，亲自种植一片苗圃，进行了田间地头的辛勤劳作。通过劳作与后期成果的收获增强学生的自信心。组织"劳动节我们在一起"岗位互换活动，由学生深

入饮食、校园环境、宿舍管理几个中心的一线参与劳动。通过亲身体验，了解服务岗位的辛苦与责任，加强了学生对劳动者尊重与感恩，对他人劳动成果珍惜与爱护的道德素质。

这一过程实现了学生的自我教育和道德的自我肯定，有利于释放压力和树立信心。在培养健康的心理素质问题上，劳动实践教育比理论教育更加有效。同时，通过参加体力劳动可以协调身体器官的发育，锻炼体力和耐力，增强体质，培养意志，提高审美能力，消除不健康的心理因素。参加适量的劳动实践，可以暂时舒缓压力，使学生心理素质方面的缺陷得到一定的补偿，增强抗挫折能力和竞争能力，从而促进大学生的心理健康。

（三）培养学生的参与意识，提供勤工助学岗位

目前，勤工助学的岗位多是一些管理岗，为了加大普及体力劳动的力度，扭转轻视体力劳动，我们可以将劳动服务岗纳入勤工助学的岗位中，学生通过为他人、为社会劳动服务的同时，也能获得适当的报酬，培养了学生对劳动岗位的参与意识。笔者在亲赴美国的高校学习考察中发现，美国校园里大部分服务岗位都是由学生来承担，从超市的售卖员、宿舍管理员、清洁卫生、绿化养护到校园接待等到处都有学生的身影。校园绿植包括草和小型灌木等都是由相关专业的学生来栽种的；学生的宿舍是由自己来管理的；餐厅的收银员很多也是学生。美国高校的管理者及社会上的企业都认为，学校的劳动岗位可以培养学生的责任心和容忍度，对于他们提前认识社会、适应雇佣劳动关系很有好处，因此，有过劳动经历的学生在招聘过程中更受欢迎。

通过让学生亲身参加劳动实践，在实践中不断体验，在艰苦中获得锻炼，使他们认识到劳动是一切有劳动能力公民的光荣职责，逐步培养他们正确的劳动态度、劳动观点、劳动习惯和劳动素养，牢固树立"以辛勤劳动为荣""以艰苦奋斗为荣"的荣辱观和价值观。在劳动中体会到只有掌握和使用现代科学技术，才能降低体力劳动的强度，从而进一步巩固专业知识，努力学习专业知识。

第二节　大学生的劳动观教育

　　劳动是人类最基本的实践活动和存在方式，也是人类生存和发展的基本条件。从大学生形成正确劳动观出发，使大学生能够更好地践行社会主义核心价值观、培养自己的社会责任感、形成积极向上的就业创业观，能够具备良好的心理素质。但由于学校、家庭、社会和同辈的影响，存在着缺乏基本劳动习惯、劳动态度不端正等劳动观淡薄的现状。所以，积极转变大学生劳动观淡薄的现状，从大学生主体性出发，从家庭、学校等方面来培养大学生正确的劳动观，从而进行劳动教育。

一、大学生劳动观教育的内涵

（一）劳动价值观

　　辛勤劳动是劳动者的基本态度，向劳动模范学习等话语来为实现中华民族伟大复兴的中国梦提供价值引领。在社会层面，通过大力弘扬劳动精神、表彰劳动模范能够在社会形成热爱劳动、尊重劳动的社会风气。对于个人层面，一个好的榜样就是最好的宣传，榜样所发挥的力量是无穷的，劳模精神可以使劳动者深受启发并更加尊重劳动成果，勤劳致富，培育践行社会主义核心价值观。

（二）劳动教育观

　　"劳动最光荣""劳动最伟大""劳动最崇高""劳动最美丽"熟记于大学生内心，要通过各种方式，教育并积极引导广大大学生养成热爱劳动的好习惯。著名教育学家陶行知先生通过"劳力劳心，亦知亦行"深刻阐明了劳动教育的重要意义，"到处是生活，到处是教育，人生需要什么，我们就教什么，强调我们生活中所有的经历都可以成为教育的内容"①。要从教育孩子们热爱劳动、热爱创造，通过辛勤劳动和创新创造来收获果实。

---

① 董宝良主编；喻本伐，周洪宇选编 . 陶行知教育论著选 [M]. 北京：人民教育出版社，2011.10.

二、大学生树立正确劳动观的重要意义

（一）大学生更好地践行社会主义核心价值观

大学生世界观、人生观、价值观现在还未定型，处在发展期，"扣好人生第一粒扣子"对他们以后成长至关重要。新时代大学生我们应该向每一位劳动者致敬，他们没有瞩目的丰功伟绩，也没有可歌可泣的感人壮举，他们有的只是在平凡岗位上的默默付出、无私奉献，用他们踏实、敬业、有责任心为人们的生活增加光彩，更好地践行着社会主义核心价值观。

（二）促进大学生形成积极向上的创业观

我们广为熟知"大众创业万众创新"，目前由于大学生的世界观、人生观、价值观还未成熟，很容易跟随身边同学来开始自己的创业浪潮，而不去思考自己是否可以创业。90 后、00 后大学生由于自身生活环境的优越，导致部分大学生没有养成良好的劳动习惯，开始要培养他们吃苦耐劳的精神，在自己动手做事情的同时激发自己的创造性思维。

（三）增强大学生抗挫折的心理素质

互联网时代，人人都有话语权，社会网络信息的鱼龙混杂，大学生面对学业、感情、就业选择的压力，难免产生消极悲观情绪。目前，我们开始意识到大学生抗挫折的心理素质不强。我们的幸福生活是靠我们用双手辛勤劳动换来的，通过劳动教育使大学生树立吃苦耐劳、艰苦奋斗的精神品格，形成正确的劳动价值观。大学生在通过自身实践来体味人生百态，经历人生酸甜苦辣，形成积极乐观的心态，增强大学生抗挫折能力，遇到困难愈战愈勇，而不被困难吓倒。

三、大学生劳动观淡薄现状及原因分析

（一）大学生劳动观淡薄的现状

1.缺乏基本劳动习惯，劳动态度不端正

当代大学生00后千禧一代占多数，由于从小受到父母的庇护，缺乏一定的自理能力。进入大学后"睡懒觉、逃课、抄袭作弊"成了大学生常态，部分高校后勤管理的升级，给大学生提供专注学习的机会，然而大学生利用这些优势不以为然荒废学业。这种强意识指引下使大学生产生父母应该给我什么而不是我自己应该动手去获取什么，拒绝学校进行的具有竞争性、创新性的比赛活动，在大学享受安逸，基本的劳动习惯没有养成。由于受到传统劳动的影响，他们认为脑力劳动大于体力劳动，认为劳动是一些没必要的家务和体力活，而这些家务活不需要脑力劳动。

2.现实体验感较弱

大学生对现实劳动不易的认识很缺乏，大部分出生在独生子女的家庭，父母几乎不会让孩子分担家务，他们失去在家庭唯一的劳动机会，体会不到家长通过劳动汗水支撑起这个小家的不易。部分大学生在学校存在侥幸心理，不去积极参加学校组织的各种实践活动，00后大学生自我意识还比较严重，以自我为中心，对劳动的教育置之不理。他们不认为劳动是获得幸福的关键，尝试失败后没有好的心态去面对。

3.缺乏榜样的示范

榜样对人们的思想行为的影响是一个连续的心理活动的过程，哪儿有榜样，哪儿就有新气象；哪儿有榜样，哪儿就有正能量。大多数人的行为是通过对榜样的观察而获得的，正是因为有这些积极向上、不懈奋斗榜样的生动例子才能谱写青春奋进的乐章，这些榜样是新时代大学生学习的标杆。荣誉激发奋进动力，榜样引领前进方向。

（二）大学生劳动观淡薄的原因

1.学校劳动教育形式单一，重应试轻实践

学校是有目的、有计划、有组织地向受教育者传授文化知识、劳动技能、价值观念等，是一种特殊的社会组织。目前部分学校重脑力轻视对劳动的教育现象越来越严重。首先，学校过分重视应试教育。从高中开始大部分学校忽视了对学生的劳动教育直到大学阶段，这一情况更为明显。一部分高校将教育重心放在科研领域，学校的各项评分机制都以分数为主，忽视学生们的实践活动。其次，缺少一些实践教育。即便是有实践课由于人数的限制并不能涉及广大大学生，实践课程开展过于形式化，一些外出志愿实践活动大部分只由班干部参与。最后，学校单一的体力劳动代替劳动教育。劳动教育核心是培养学习吃苦耐劳、艰苦奋斗、不断创新创造的精神，仅靠单一的体力劳动是不行的。

2.“唯分数论”的家庭传统错误劳动观念

家庭环境对学生的影响主要是指家长的思想素质和行为规范对家庭成员尤其是对子女思想品德的形成、发展的影响氛围。家庭教育将影响孩子一生的命运，如今，大学生大部分是家庭中的独生子女，无疑从小备受关注和宠爱。这些备受关注的学生上了学以后，家长由于过多灌输学习重要性的观念，不让学生参与家务，造成孩子“一心只读圣贤书”和“唯分数论”的错误观念。到了大学，这些连最基本家务都没做过的大学生离开家庭无法自理，甚至出现不会洗衣服、不会打扫宿舍卫生等现象。

3.信息化时代发展对大学生价值观影响

网络时代所传播的信息，会形成一种舆论环境。这种舆论环境对人的思想会产生重要的影响。互联网与人们生活息息相关，大学生更是互联网时代的主力军。“万般皆下品，唯有读书高”这样思想的传播在一定程度上影响着即将步入社会的大学生，社会的传播观念多是脑力劳动重视程度高于体力劳动。新时代大学生的认知观念还没有定型，享乐主义、拜金主义等一些不良思潮也给大学生带来了冲击，导致一部分大学生对一夜暴富、安逸享乐产生了幻想，不再通过体力劳动来丰富自己，弱化了对劳动的情感。

4.同辈群体环境的影响

同辈群体对人的影响具有独特性，它具有自己独特的价值标准，可能会与社会主流相同，也可能与社会主流不同，有的甚至与主流对立，所谓近朱者赤近墨者黑。同辈群体主要是指由家庭背景、年龄、爱好等方面相同或相近而形成关系比较密切的群体，在大学生思想还没有成熟之前，很容易受到同辈群体的影响。这种影响是在潜移默化中实现的，人们在不知不觉中都会受到影响。由于家庭背景、环境的不同，大学生之间各种观念大不相同，家庭优越环境下成长的青少年体会不到通过劳动带来的幸福，而是无忧无虑坐享其成，劳动意识差，物欲至上。而同辈群体中有这样的负面存在，部分大学生会以为这是正确的，自己也要像他们一样，从而缺乏对自己价值的一种判断。

四、增强大学生劳动意识的实践路径

一是要从他们个性出发，养成良好的劳动习惯，确立正确的劳动观点，积极的劳动态度，拒绝"不劳而获、坐享其成"错误的价值观念。形成尊重、热爱劳动的过程、劳动成果和劳动主体的价值态度。

二是学校要提高大学生的劳动信心，组织学生参与各种社会实践，增强劳动的观念，并形成吃苦耐劳、艰苦奋斗的精神。学校在专业课的基础上要多开设一些劳动实践课程，不用单一的体力劳动代替整个环节的劳动教育。更加重要的是，学校在开设有关的劳动实践课程时不能形式化，要将课程与学生们的亲自参与结合起来。

三是家长要配合学校，积极对学生劳动观念进行教育和引导，父母要树立热爱劳动、积极劳动的榜样，让学生在不知不觉中受到影响，激发学生的劳动兴趣。在教育学生方面，不用采取体力劳动这样的形式进行体罚，让学生体力劳动与脑力劳动平衡发展，使学生真正意识到劳动的重要性。

第三节　大学生劳动价值观教育

引导大学生树立正确的劳动价值观，加强劳动教育，既是贯彻党和国家教育方针的现实需要，也是培养全面发展的一代新人的基本途径。基于8所高校学生的实证研究，分析新时代大学生劳动价值观存在的问题，提出以家庭、学校、社会为着力点，构建劳动价值观教育协同机制，提升大学生劳动价值观教育的实效性。

劳动价值观是人们对劳动的根本看法和态度，决定着人们对劳动选择何种价值判断和行为取向，是其世界观和人生观的重要组成部分。大学生是国家未来的建设者，他们的劳动价值观是否正确，不仅关乎自身的成长和成才，也关乎培养社会主义合格建设者和劳动者的教育大计。因此，引导大学生树立正确的劳动价值观，加强劳动教育，既是贯彻党和国家教育方针的现实需要，也是培养全面发展的一代新人的基本途径。

一、新时代大学生劳动价值观存在的问题

笔者以云南中医药大学、云南师范大学、曲靖医学高等专科学校、云南林业职业技术学院等8所高校学生为调查对象，采取问卷调查的方式，共发放问卷800份，回收有效问卷790份。统计分析显示，新时代高校大学生的劳动价值观总体上是健康、积极向上的，但也存在一些不容忽视的问题。

（一）主动劳动意识淡薄

调查显示，大部分学生认同劳动的重要性和意义，但参与劳动的积极性不高，主动劳动意识淡薄。对"您会积极主动地做家务吗"这一问题，34.3%的学生选择"会"，65.7%的学生选择"不会"；在回答"您在什么情况下打扫宿舍卫生"时，59.4%的学生选择"学校老师或寝室长催了才做"，24.7%的学生选择"主动去做"，15.9%的学生选择"不检查就不做"。由此可见，大部分学生的劳动态度是被动的。

另外，一部分学生缺乏生活自理能力，没有养成劳动习惯，吃饭点外卖、不洗碗、洗衣洗鞋花钱送店打理，家庭条件并不富裕却热衷于生活享受，不懂得凭自己的劳动收获成果，更不懂得尊重他人的劳动成果。

（二）劳动价值取向功利化

对"劳动的价值与目的是什么"这一问题，45.5%的学生认为是为了"获取金钱、财富与地位"，认为"满足生存和发展需要"的学生占40.1%，仅有14.4%的学生选择"为了国家、社会与他人，实现自身社会价值"。可见，随着市场经济的发展，一部分大学生劳动价值取向有功利化、物质化倾向，判断价值的标准不再是劳动付出的多少和对社会贡献的大小，而更多基于金钱、权势来衡量，这与劳动观相悖。不少大学生从选择专业到毕业就业的方向，都以能否给自己带来高收入和实际物质利益为标准，忽视个人兴趣、理想及实际情况与工作的匹配度，导致在毕业时往往眼高手低，缺乏投身基层工作的热情，只愿意到大城市从事待遇高的工作。这也反映出他们的职业选择缺乏社会责任感和奉献精神，更加注重个人利益。

（三）创造性劳动意识缺乏

国家的发展离不开创新型人才，中华民族伟大复兴中国梦的实现离不开创造型劳动者。新时代大学生劳动价值观的核心内容之一就是重视创造性劳动，树立创造性劳动意识。调查显示，对"是否擅长用新方法、新思路解决问题"，85.5%的学生表示不擅长，14.5%的学生表示擅长；"普通劳动和创造性劳动哪一项更适合你"，45%的学生觉得普通劳动更容易操作，44%的学生认为做好日常工作就好，仅有11%的学生选择有可能从事创造性劳动。可见，大多数学生对创造性劳动热情不高、创新创业能力薄弱。另外，毕业生在求职过程中的整体素质与市场对人才的需求存在较大差距，绝大多数学生缺乏创新思维和创新的勇气，一心求稳，害怕挑战，这也是导致不能顺利就业的原因之一。

（四）劳模精神和工匠精神缺失

认同并践行劳模精神和工匠精神是大学生树立正确劳动价值观的现实体现，也是其劳动价值观的最高追求。调查显示，"你对劳模精神和工匠精神了解多少"，67.5% 的学生表示听说过，但不知道具体内涵，12.5% 的学生表示不关注，仅有20% 的人表示听说过，比较清楚其含义。"你能否做到几十年如一日在岗位上奉献"，大多数学生回答是不确定能否做到。多数学生对劳模精神和工匠精神认识不足的问题，亟须引起高校的重视。

二、新时代大学生劳动价值观形成的影响因素

（一）传统观念

热爱劳动、勤于劳动是中华民族的传统美德，但也存在着诸如"万般皆下品，唯有读书高""劳心者治人，劳力者治于人"等观念。受此影响，一部分学生轻视体力劳动，看不起普通劳动者，将个人成功目标设定为"高官、巨富"。一些家庭的教育目标是"找一份体面的工作"，成为社会精英。人们习惯性地把金钱、财富和社会地位作为衡量成功的标准，而对于辛勤敬业、默默无闻的普通劳动者，未能给予发自内心的认可和尊重。

（二）家庭教育

受传统思想观念和应试教育压力的双重影响，很多家庭关注的是子女的学业成绩和特长，忽视了对孩子的劳动教育，没有培育他们树立正确的劳动价值观。尤其是来自城市的大学生多为独生子女，普遍被父母过度爱护，享受饭来张口、衣来伸手的生活，父母包揽了一切家务，致使其缺乏劳动体验和劳动锻炼的机会，导致上大学后生活自理能力和动手能力差，甚至养成好逸恶劳、养尊处优的生活习惯，缺乏艰苦奋斗的精神，更谈不上开展创造性劳动。

（三）社会环境

首先是市场经济下多元价值观的影响。随着改革开放和社会主义市场经济的不断发展，出现了多元文化并存的现象，大学生在多元文化的冲突中感到困惑和迷茫。我国传统的社会价值观是以伦理道德作为衡量标准，强调的是重义轻利、舍利取义，甚至是舍生取义，但市场经济下出现以趋利为特征的社会价值观，人们开始更加重视物质利益，追求实惠和实效。这对新时代大学生的劳动价值观产生了消极的影响，导致他们追求功利的人生目标，以自我为中心，金钱意识膨胀，讲奉献的少了，讲索取的多了。一些毕业生只想找环境宽松、待遇优厚的工作，这也增加了就业的难度。

其次是社会发展不平衡不充分的现实影响。当下，城乡二元结构特征明显，城乡居民在资源分配、社会福利、教育医疗等方面有较大差距，区域发展不平衡，不同阶层和群体收入差距也很明显。如一些演艺明星收入过高、网红靠炒作和包装一夜成名。面对这样的社会现实，大学生开始对勤劳致富、劳动光荣的观念产生怀疑甚至否定，不利于形成正确的劳动价值观。

（四）学校教育

调查发现，新时代大学生劳动价值观出现偏差与长期以来学校劳动教育的缺失密切相关。中小学教育往往更关注学生的学习成绩，有的教师把劳动作为惩罚学生的手段，如学生迟到或不完成作业罚值日一周，这会让其产生"调皮捣蛋和学习差的学生才需要劳动""劳动并不光荣"的错误认识。中小学劳动价值观培育的不足成为大学生劳动价值观出现问题的"先天"原因，而高校劳动教育的缺失是大学生形成不正确劳动价值观的主要原因。一是高校劳动教育课程的缺失。绝大部分高校没有开设专门的劳动教育课程，劳动观教育仅是社会主义荣辱观教育的一小部分，就内容方面来说，在高校教育体系中处于"边缘化"地位。二是高校劳动教育保障制度的缺乏。多数高校对劳动教育不重视，缺乏相应的资金投入，不能开展劳动实践活动，没有专门的师资和相应的制度保障，从而影响了劳动教育的实效性。三是学生劳动机会少。许多高校教学计划中的"劳动周"名存实亡，后勤部门和物业公司承包了校园环境的保洁工作和楼道、教室的清扫工作，多数学生没有劳动锻炼的机会，更谈不上培养热爱劳动的优秀品质。

三、新时代加强大学生劳动价值观教育的几点建议

笔者认为，以家庭、学校、社会为着力点构建协同机制，可以有效提升大学生劳动价值观教育的实效性。

（一）家庭重视劳动价值观养成教育

父母的价值观念、言传身教会对孩子产生深远的影响。一方面，家长以身作则，热爱劳动，勤于劳动，让子女认识到劳动的重要意义以及艰苦奋斗的精神对个人发展的价值，杜绝采用金钱或物质方法来鼓励孩子劳动的行为。另一方面，家长要积极配合学校教育，督促子女从身边小事做起，承担力所能及的家务劳动，提供各种劳动体验的途径，从而使他们树立正确的劳动观，养成良好的劳动习惯。

（二）学校多措并举，强化落实劳动教育

高校在大学生劳动价值观的塑造中扮演重要角色，因此，要进一步贯彻落实中央有关劳动教育的文件精神，重视劳动价值观教育。

一是确立和完善劳动教育课程的设置。应增设劳动教育必修课，结合学校和学生的实际加强教材建设，编写专门教材，或者将劳动教育内容与思想政治理论课教材、专业课程教学内容相结合，加强劳动观教育，引导学生坚持个人本位与社会本位的统一，自觉处理好自我利益与社会利益的关系，肩负起社会责任。

二是健全劳动教育的保障机制。高校要完善管理机制，制定课程标准，加强师资队伍建设、物资保障和评估考核等工作的管理，确保大学生劳动教育实践的顺利开展和有效运行。

三是丰富劳动实践活动形式。组织学生开展志愿者服务活动和公益劳动实践等；鼓励他们利用假期开展社会实践活动或到学校实习基地劳动锻炼，深刻体会

劳动的意义；增设勤工助学岗位，减轻贫困大学生生活负担，同时锻炼他们的意志，提升其综合能力。

四是利用网络新媒体宣传劳模事迹，营造劳动光荣的良好氛围。校园文化建设要大力宣传工匠精神和劳模精神，给予普通劳动者足够的尊重和肯定，通过榜样的力量引导学生树立劳动光荣、劳动伟大的思想观念。

五是在就业指导中开展创造性劳动教育。随着时代的发展和变化，人类不断创新劳动形式，深化劳动分工，机会无时不在、无处不在，关键在于大学生是否具有创新意识和创新能力。因此，各高校必须将培育大学生的创新精神作为重要教育内容，鼓励他们不局限于原有专业领域，努力施展才能，大胆探索创造性劳动，开辟更多适合自己的就业途径。此外，对于从事创造性劳动的师生要进行精神和物质上的奖励，健全激励机制。

（三）净化社会环境、改造社会风气

优良的社会政治文化环境对大学生形成正确的劳动价值观可以起到积极的促进作用。要充分发挥各类媒体的宣传作用，强化社会舆论的引导功能，大力倡导劳动价值观、社会主义核心价值观，宣传集体主义、全心全意为人民服务的精神，弘扬主旋律、传播正能量，在全社会形成尊重劳动的良好氛围，提倡通过辛勤劳动实现人生梦想，反对一切投机取巧、不劳而获的思想和行为。党和政府要大力惩治贪污腐败现象和社会各种不良行为，以净化社会环境；深化分配制度改革，缩小收入差距，提高普通劳动者收入水平，让普通劳动者活得更有尊严，让劳动更有价值。通过营造良好的社会环境，引导大学生形成正确的劳动价值观。

第四节　大学生的劳动素养教育

深入观察当前我国的高等教育就会发现，劳动教育是薄弱环节。大学生的劳

动素养与"社会主义建设者和接班人"的培养目标要求还存在一定差距，我们必须加强对大学生的劳动素养教育，把他们培养成高素质劳动者。

第一，劳动创造了人。为了使自然界事物能够服务或应用于自身生活，人类必须在意识的指导下使自己的身体运动起来并作用于自然，使自然发生有利于人类自身的变化，这种活动就是劳动。劳动在改造自然的同时也在改变着人类自身和人类的社会生活，在劳动过程中，人类的身体构造、形态、机能等生理特点逐渐发生改变，性格、智力、意识等心理和精神特点随之形成和发展，社会关系也相应建立、发展。因此，劳动是整个人类生活的第一个基本条件，劳动创造了人本身。

第二，劳动是人类社会存在和发展的基础。人们必须能够生活，才能创造历史。但是为了能够生活，就需要吃喝住穿和其他东西。因此，人类第一个历史活动就是生产满足这些需要的资料，即生产物质生活本身，这是一切历史的基本条件。人类历史发展的一切都离不开人的劳动过程。

第三，教育与生产劳动相结合才能造就全面发展的人。在社会分工日益精细化的生产条件下，劳动者长期从事单调、枯燥的劳动操作，使其某种劳动能力得到强化，而更多劳动能力则没有机会得到训练。最终结果是劳动者的劳动能力丧失了整体性，进而使劳动者的发展丧失了全面性。尤其是体力劳动和脑力劳动分离，就更加严重限制和破坏了人的全面发展。教育与生产劳动相结合的具体内涵是：一方面，受教育者所受的教育要与生产劳动相结合，让受教育者在接受教育的同时参与生产实践，成为高素质的劳动者；另一方面，劳动者的生产劳动要与教育相结合，参与社会化大生产的劳动者应接受完整的教育，以提高劳动者的综合素质。

一、当前大学生劳动素养存在的主要问题

经过多年的观察思考，笔者认为，可以把大学生劳动素养存在的问题归纳为以下几方面。

第一，没有养成良好的劳动习惯。有些大学生不能很好地安排自己的生活，他们宁肯把大量时间花在吃喝玩乐上，也不愿意花时间打扫卫生。有的学生没有养成定期洗衣服、被褥的良好习惯，有的甚至根本不会洗。有的学生长时间不打扫寝室卫生，室内脏乱不堪、气味难闻。随着学校后勤部门的服务日益完善和网购、网络订餐等社会服务业日益发达，洗衣、打开水、买饭、购物等需要付出一定劳动的事情，一些学生几乎全部花钱解决。个别学生缺乏良好的劳动习惯，不仅表现在与生活相关的事情上，还表现在其他方面，比如，有的学生平时学习不用功，不做作业、不做实验、抄袭作业，靠考前突击以应付考试，甚至考试作弊。

第二，缺乏艰苦奋斗精神。有些大学生片面认为劳动只是谋生手段，为了生活不得不受苦受累，厌恶劳动、逃避劳动，甚至想要不劳而获、投机取巧"挣快钱"。有些大学生就业时不愿到条件艰苦的地方去，也不愿进入艰苦的工作岗位，个别大学生甚至成为"啃老族"的一员。

第三，轻视体力劳动。尽管大学扩招以来，录取率不断上升，但是考入大学在当下的中国依然是一件难度较大的事情。好不容易进入大学，无论家庭还是学校都希望大学生把主要精力用在专业学习、考研、留学准备、考级、考证等脑力劳动上，对于处于学习黄金期的大学生来说这也合乎情理。但是，实践训练不足和体力劳动过少也使大学生形成了错误认识，有些学生认为脑力劳动和体力劳动完全不相干，轻视甚至鄙视体力劳动，不珍惜食堂师傅、环卫工人以及父母的劳动成果。

第四，劳动态度不够端正。大多数学生认同劳动创造价值的观点，这使他们愿意通过勤奋努力来实现自己的人生目标。同时，也有部分学生形成了"一分付出一分收获"的线性思维。基于这样的思维，他们不但反对"不劳而获"，而且反对"劳而无获"，希望自己的劳动付出都能够有相应的经济报酬且即时兑现，看不到除了报酬之外，劳动还具有使自己获得精神上的体验、认识上的提高、技能上的训练、身体上的锻炼等益处，不愿意参加志愿服务、公益活动和义务劳动。持有这种劳动态度的学生，一旦发现自己的付出得不到回报，或者得不到预期的回报，就会逃避劳动、拒绝劳动。

第五，缺乏劳动技能。由于校内外实践资源相对短缺和实践环节落实不到位，不少大学生很少参加劳动，缺乏实践锻炼，这使他们把劳动看得过于简单，眼高手低，大事做不来，小事不愿做。当前，有些学生仅凭一股热情就去创业，不仅创业失败，自信心还遭受打击。由于平时努力不够，也缺乏必要的培训，他们的知识、技能、经验、心态等都不足以支撑其创业的热情。

二、大学生劳动素养存在问题的原因

大学生劳动素养存在的问题，既有高等学校劳动教育不足的原因，也有社会、家庭和大学生自身的原因。

第一，高校的原因。在大学中，学生很少从事体力劳动，打扫卫生、植树种草几乎全部由保洁公司或物业公司承揽，许多学生在读大学时甚至没有参加过一次学校组织的打扫卫生、种树、花园除草等体力劳动。由于客观条件不足、经费短缺等原因，教学计划中的实验、实习等往往落实得不好，有些实习，学生只能走马观花式地参观一下，根本没有机会顶岗劳动。寒暑假期间，许多学生也都是在休闲中度过，没有利用这个时间打工、实习以锻炼自己。对学校布置的暑期社会实践任务，许多学生敷衍应付，学校要求有实践单位的盖章证明，学生就通过"关系"盖章了事。由于上述原因，不少学生直到大学毕业也没有做好参与社会劳动的思想、心理和技能准备。

第二，社会的原因。主要有这几方面：其一，社会现实的影响。在过去较长的一段时间，我国经济、社会发展水平与发达国家的差距较大。产业水平处于全球产业链的低端，普通劳动者的收入水平偏低；社会保障制度不健全，社会保障水平不高；法制不健全，劳动者权利保障不充分；等等，这使部分普通劳动者缺少体面、光荣的体验。某些媒体为了收视率，推出各类选秀节目，一夜成名的故事不断上演，对涉世未深的大学生产生误导，一些大学生误以为一个人不需要经过长期努力来为自己的发展积蓄力量，只需要不择手段去博出名，而一旦出了名，财富就会滚滚而来。这非常不利于大学生形成热爱劳动的思想观念。其二，传统观念的影响。几千年来"劳心者治人，劳力者治于人"和"万般皆下品，唯有读书高"的思想根深蒂固，直到今天，许多社会成员依然认为脑力劳动者比体力劳动者地位尊贵。过去国家没有发展起来的时候，高等教育资源短缺，考大学如同"千军万马过独木桥"，大学生被看作"天之骄子"。尽管目前高等教育入学率已接近50%，一些社会成员仍习惯性地认为大学生不应该是普通劳动者。许多大学生也认为体力劳动与自己的身份不相符，他们渴望过上梦想中的好生活，却不愿意付出艰苦劳动。其三，社会多元价值观的影响。劳动价值观是社会价值观的组成部分。在当下中国，各种价值观互相激荡、激烈碰撞。外来腐朽价值观念大量涌入，对社会成员的思想观念产生强烈冲击；与各种经济成分相适应，不同利益主体在价值认同上存在差异。一些社会成员不再以劳动贡献作为价值目标，而单纯把获得和拥有财富作为价值目标。在错误价值观的影响下，一些大学生形成了错误的劳动观念。

第三，家庭的原因。现在的在校大学生，多数是独生子女，从小生活条件就比较好，几乎没有人有缺吃少穿的体验。就算是经济并不宽裕的家庭，也会尽最大努力为孩子提供良好的学习和生活条件。有的家长溺爱、娇惯孩子，生怕孩子吃苦受累，自己就是再忙再累，也不愿意让孩子为自己分担劳动。有的家长望子成龙心切，为了让孩子尽可能多地把时间和精力用在学习上，以便考上更好的学校，凡是自己能代劳的绝不让孩子动手，孩子在家里很少有机会从事劳动，自然很少获得劳动体验和劳动技能的训练。这就使一些学生上了大学却还不具备基本的生活技能。更为严重的是，少数学生还形成了自私自利、好逸恶劳的思想和散漫、懒惰的不良习惯。

第四，大学生自身的原因。绝大多数大学生是成年人，经过了十多年的系统教育，本应具备比较成熟的心智和良好的思想素质，能够认识到自己将要承担的社会责任，认识到自身必须具有怎样的劳动素养，并自觉反省自身劳动素养等与承担社会责任的需要之间存在的差距。但是，从以往的经验看，部分大学生心智还不够成熟，缺乏主动提高自身劳动素养的紧迫感和自觉性，缺乏自我反省、主动探索、自我激励、自我锻炼的主动性和积极性。这些都是大学生劳动素养不足的内因。

三、加强大学生劳动素养教育的措施

当代大学生的劳动素养如何，会左右他们对未来职业、岗位和人生道路的选择，影响他们人生价值的实现，进而在一定程度上影响国家和社会的未来。因此，学校、社会、家庭和学生个体都必须高度重视和加强大学生劳动素养教育。

第一，高校要全面贯彻党的教育方针，把劳动素养教育纳入人才培养方案，贯穿人才培养全过程，有组织、有计划、系统性地进行大学生劳动素养教育。一是政治理论课要强化劳动观教育，引导大学生树立热爱劳动、崇尚劳动的观念；二是要将劳动实践成绩纳入先进评选、奖学金评定、干部选拔、推荐免试研究生的必备条件，以体现对学生劳动素养的重视；三是要强化实践教学，特别是在实习中，要创造条件让学生能够动手操作，体验真实的生产劳动；四是把公益劳动、志愿服务、社会实践等作为大学生的必修学分，要求学生在读期间从事一定时间的义务劳动；五是要创造条件，鼓励和引导学生利用寒、暑假时间进入企事业单位打工、实习，进入农村、城市社区等开展公益服务活动，主动锻炼自己；六是要适当增加课程作业、毕业设计（论文）的难度和工作量，使学生必须投入较多的时间和精力才能完成，在专业学习中得到劳动锻炼；七是要加强相关社团建设，发挥学生社团在劳动实践中的团队建设、宣传教育、对外联系等作用。

第二，社会要积极营造尊重劳动的思想文化氛围。一是要完善法律和制度，保障劳动者的合法权益。广大的普通劳动者有尊严感和自豪感，才能吸引千千万万大学生自觉加入劳动者的队伍。良好的法治环境、完善的社会保障、公平的公共服务是普通劳动者产生尊严感、自豪感的基本前提。为此，我们的社会就要做好如下工作：

一是进一步健全法治，维护普通劳动者的合法权益；完善社会保障制度，进一步扩大社会保障覆盖面，为每一个劳动者提供与经济发展水平相适应的、公平的社会保障；完善公共服务供给，使每一个普通劳动者都能够享受到均等的公共服务；

完善税收制度，使税收真正起到调节收入的作用。二是要坚持正确舆论导向，营造劳动光荣的思想文化环境。要坚决纠正媒体过度娱乐化倾向，取缔宣扬炫富、"一夜暴富"、奢侈浮华等不良信息，严格控制"选秀"类的节目等。大力宣传普通劳动者通过诚实劳动实现梦想的故事，大力宣传科技工作者潜心钻研、厚积薄发、献身科学的故事，大力宣传技术工人潜心钻研技术、在平凡岗位上干出不平凡业绩的故事，等等。积极弘扬主旋律，传递正能量，营造劳动光荣、创新伟大的思想文化氛围。只有这样，才能激励和引导大学生热爱劳动、崇尚劳动，积极提高劳动素养。

第三，家庭要培育勤劳家风、培养孩子热爱劳动的习惯。长辈要爱岗敬业，热爱劳动，做单位的优秀员工，业余时间多从事读书学习、旅行健身、文化艺术等有利于身心健康的活动，安排一定的时间从事志愿服务活动，为孩子做出榜样。要克服溺爱和过度保护的倾向，在孩子成长过程中，安排与其年龄特点和身心发展水平相适应的劳动任务，使其劳动观念和劳动技能随着年龄的增长而提高。特别是寒暑假期间，要督促孩子花一定的时间打工、实习和参加社会实践活动。

第四，大学生要加强自我劳动教育。社会、学校、家庭面向大学生的劳动教育要达到目的，离不开大学生自身的主观努力。一方面，大学生要加强劳动理论的学习，深刻理解和领会关于劳动创造人、劳动促进人的全面发展等观点，努力提高参加劳动实践、接受劳动锻炼的自觉性和主动性。另一方面，大学生要在自己的生活实践中体会劳动素养提升与自身健康成长和全面发展的内在联系，积极参加学校组织的劳动教育和劳动锻炼，并积极寻找社会实践、公益劳动、勤工助学、校外实习、假期打工等劳动机会，在劳动过程中训练劳动技能，形成热爱劳动的良好品德，锻炼吃苦耐劳的意志品质，全面提高劳动素养。

随着经济的快速发展和时代的全面进步，社会对高校提高人才培养质量的要求越来越强烈，良好的劳动素养是高素质人才必备的素质。当代大学生在劳动观念、劳动态度、劳动习惯和劳动技能等方面与社会的需要还存在较大差距。其原因是多方面的，其中既有高校的原因，也有社会、家庭和大学生自身的原因。要培养接受过高等教育的高素质劳动者，就必须始终坚持教育与生产劳动相结合，高校、社会、家庭和大学生自身要共同努力，加强大学生劳动素养教育。高校要加强教育教学改革，把劳动素养教育纳入人才培养方案，加强劳动教育和实践环节培养；社会要积极支持学校加强面向大学生的劳动教育，一方面营造崇尚劳动、尊重劳动者的思想文化氛围，另一方面要对高校劳动教育提供外部环境和条件支持。家庭要重视勤劳家风的培育，培养孩子热爱劳动的思想意识和良好习惯。大学生要在努力获取知识的同时，积极参加劳动实践，在实践中获得劳动体验、提升劳动素养。

第五节　大学生劳动技能教育

在不断深化改革开放的新时代，培养德、智、体、美、劳全面发展的社会主义建设者和接班人是大学教育的根本方针。近年来，我国大学逐年扩招，专业不断增加，大学教育以培养学生成为生产管理型、服务技能型、具有综合协调能力的高素质的应用型人才为目标，但社会、学校和家长对大学生劳动技能教育的忽视，使当前大学生劳动观念淡化，劳动意识缺乏。因而，加强大学生劳动技能教育，使其树立科学的劳动观念，就成为提高大学生综合素质的必要途径。

一、大学生劳动观念分析

（一）受家庭的影响，大学生的独立生活能力有待提高

众所周知，在校大学生绝大多数都是"00"后的独生子女，他们在家庭中是父母的掌上明珠，尤其是生活在大城市的大学生，丰盈的家庭物质条件使其产生了优越感。学生考入大学以后，无论是学生还是家长都会有一种骄傲的荣誉感。一些未上过大学的家长认为孩子考上了大学，是圆了自己的大学梦，更是喜出望外，因而，对孩子更加宠爱，百依百顺，缺乏对子女进行劳动观念的教育和引导，养成了他们的自私和惰性。许多家长盲目认为，孩子在小学阶段年龄小，没有能

力从事家务劳动；在初、高中阶段，学业忙，没有时间从事家务劳动。这样的想法必然会导致在大学阶段离开父母拐杖的大学生们独立生活起来困难重重。因此，家长要在日常生活中，从小对孩子进行劳动观念的培养和教育，不能让他们成为温室的花朵，养成懒惰的坏习惯，逐步提高他们的独立生活能力。

（二）受社会择业观的影响，大学生的劳动观念不强

多数大学毕业生贪图安逸，以寻找到工作环境舒适的职业为就业目标。还有一些大学生过高估计自己的能力和水平，没有把自己摆在劳动人民中间，看不起劳动人民，看不起简单工种及熟练的粗放型工作人员。他们不尊重劳动者，盲目地认为自己是精英，是了不起的学子，骄傲自满的情绪冲昏了他们的头脑；他们不求进取、满足现状、缺乏劳动意识和积极主动的进取精神。

（三）受市场经济的影响，大学生的奉献精神欠缺

有些大学生忽视了他们应具有远大的理想，应该把所学的知识服务社会，奉献祖国。在千变万化的市场竞争大潮中，大学生追求个人利益，缺乏奉献精神，追求奢侈的生活方式等不良现象应当引起社会、学校和家长的高度重视。

（四）受课程设置的影响，大学生的动手能力较差

大学普遍重视专业课，忽视劳动技能课。大学期间的专业课都是必修课，尤其是一些文科院校，很少开设劳动技能教育课，或者没有将劳动技能课作为必修课程设置，这就直接影响到大学生对劳动观念的认识。有的理科院校即使安排了劳动技能课，也是课程很少；还有不少学校，利用社会实践、勤工俭学等活动作为劳动技能教育课，这样的课程设置既不完善、不规范，也不够严谨、不够系统。这种只是利用寒暑假期间走走看看、围围转转的做法，时间较短，效果不明显，不能使学生深入生产第一线和农村阵地踏踏实实接受锻炼，无法使他们加深对劳动观念的认识，致使学生们缺乏实践能力和动手能力。

二、为培养和提高学生的劳动技能搭建平台

（一）加强劳动观念的思想教育

我国是拥有五千年文明史的文明古国，热爱劳动是中华民族的传统美德，党和国家领导人多次提出要加强对大学生劳动观的教育。劳动是一切财富的源泉，加强劳动观念教育是创业能力和创新精神的基础。因此，学校各部门要协调一致加强学生的思想教育工作，高校领导及相关部门要紧密配合，学校的团委、学工办、辅导员和教师要从加强学生思想教育入手，把劳动技能教育的实施落到实处，使学生真正感觉到劳动技能课的必要性。

（二）理论知识与实践相结合转换为能力

学校要从实际出发，使学生亲身实践深入生产第一线和农村基地。劳动课程设置要合理，要突出理论与实践的结合。学校要做出长远的规划，并聘请专业人员进校指导，通过校企合作，开发劳动技能课程，使学生对生产劳动产生兴趣。例如，男同学可以开设机械课程、化工课程、水暖电器维修、土木工程和计算机等实践课；对于女同学，则可以增加一些手工缝纫、编织、刺绣和烹饪等方面的课程。开设适合学生的劳动技能课，增强他们对劳动课的热爱，让劳动实践向知识化、技能化、艺术化等多方面发展提升，让劳技课与专业课相互补充，形成培养人才的有效途径。

（三）劳动技能教育要从小事做起

大学生劳动技能观念的培养和形成不是一蹴而就的，要从点点滴滴做起。家务劳动、学校劳动、社区劳动、工厂劳动、农村劳动都可以培养和提高劳动技能。在劳动技能课的内容安排上，要贴近大学生的学习和生活，采取自我服务、自我管理、自我教育的方式，充分体现劳动技能课的育人作用。比如，在学校可以在校园内设置多处劳动技能岗点，安排学生参与校区环境卫生的打扫和保洁、学生公寓楼的卫生维护和管理、食堂帮厨和学校宣传教育园地的维护等工作。社区劳

动可以采取多种形式。例如，外语院校的大学生可以为社区中小学学生、外语爱好者以及有需求的居民开办多语种外语培训班，以此服务社区，提高学生和居民们的外语综合运用能力；法律专业的学生可以进社区为居民讲解和宣传法律知识，以增强居民的法律意识；医学专业的学生可以进社区，为居民讲解医学常识，普及预防常见病、多发病的知识，以增强居民的健康意识。这些活动紧贴群众的生活实际，深受百姓拥护；同时这些活动也紧贴学生的学习生活，使他们能够学以致用，从而体现出大学生的自身价值，增强了他们的责任感和自信心，真正体会到劳动技能课在实践中发挥的重要作用。

（四）完善机构，加强管理

为确保劳动技能课的开设，达到教育和培养学生的目的，各高校要成立劳动技能课领导机构，由专职人员抓落实，把此课程列入必修课教学计划，同时要进行考核和讲评。学生在上劳动技能课之前，要进行宣传和动员，以院、系、班为考核单位，劳动课期间要有小节、讲评，技能课结束后要有总结，将劳动技能课的出勤、学习情况作为学生评比的重要内容。学校要不断完善劳动技能课的管理制度，强化劳动技能课的内容，确保劳动技能课充满活力，真正使学生自觉养成良好的劳动习惯，树立正确的人生观和价值观，做到热爱劳动、吃苦在先、勇于进取、开拓创新，以饱满的劳动热情积极投身到社会主义现代化建设中来，完成好历史赋予的重任。

总之，劳动技能教育课还处于探索阶段，深化劳动技能课内容，填补劳动技能课的空白，完善机构管理，加强对大学生劳动观念的教育和引导，使他们不断掌握和提高劳动技能，任重道远。我们只要面对实际，积极进取、加大力度、不断延伸，坚信在新形势下大学生劳动技能教育一定能取得新的进展。

第四章 大学生劳动教育的精神谱系

第一节 弘扬劳模精神

"爱岗敬业、争创一流，艰苦奋斗、勇于创新，淡泊名利、甘于奉献"①的劳模精神是对新时代劳动模范这一群体所展现的宝贵精神的总结，是伟大时代精神的生动体现。"劳动模范和先进工作者是坚持中国道路、弘扬中国精神、凝聚中国力量的楷模，他们以高度的主人翁责任感、卓越的劳动创造、忘我的拼搏奉献，为全国各族人民树立了学习的榜样。"②在新时代如何理解劳模精神，这一伟大精神在新时代具有怎样的意义，这些劳动模范的成长经历对于新时代劳模的培育具有怎样的经验启示。这是新时代研究劳模精神需要回答的重要的理论与实践问题，对于劳模精神的宣传、弘扬与培育具有重要的时代价值。

一、深刻把握劳模精神的时代内涵

通过研究广大劳模的事迹和经历可以发现，理解劳模精神就是要理解敬业、奉献、创新、奋斗这四个关键词。"爱岗敬业、争创一流，艰苦奋斗、勇于创新，淡泊名利、甘于奉献"的劳模精神中明确体现了敬业、奉献、创新、奋斗的本质特征。感恩、坚持、诚信等都是劳模们的优秀品质，但敬业、奉献、创新、奋斗是劳模们的共同核心特质，是新时代劳模精神最为重要的内涵。

---

① 习近平.在全国劳动模范和先进工作者表彰大会上的讲话 [J]. 党建，2020(12)：4-7.
② 习近平在庆祝"五一"国际劳动节大会上的讲话[J].大庆社会科学,2015,(第5期)：103.

（一）敬业是劳模精神的基础

劳动者成为劳动模范要坚持的第一个原则就是敬业，敬业是普通劳动者成为劳动模范的基本品质。诸葛亮一生兢兢业业，实践了"鞠躬尽瘁，死而后已"的敬业精神。敬业不仅是中华民族的传统美德，同样也是新时代社会主义核心价值观的重要内容。敬业，就是一个人在职业活动领域内具有责任感和使命感，基于热爱基础上的全身心投入的精神状态，把工作看成自己的责任和使命。正是因为自觉、强烈的敬业态度，劳模们才以车间为家、以单位为家，才具有积极主动的奉献意识、创新意识、奋斗意识、职业意识，才能把普通平凡的工作做得不平凡。对广大劳动者而言，敬业是一种工作上的普遍要求，但对劳模们而言，敬业并不是一种对工作的严格要求和约束准则，而是已然成为他们的一种自然的工作态度，一种发自内心的对工作的热爱和对劳动的追求。正是在此意义上，敬业是劳模精神的基础。敬业的工作态度使得劳模们对岗位无私奉献、拼搏奋斗、进取创新。敬业是每个劳动者都应具有的品质，而劳模只是将这种品质真正内化于心，外化于行。

（二）奉献是劳模精神的重点

所谓奉献，是指对工作不求回报的爱和全身心的付出。"历史承认那些为共同目标劳动，因而使自己变得更加高尚的人。那些为最大多数人带来幸福的人，经验证明他们为最幸福的人。"[1] 劳模们的工作是为人民服务的工作，是为建设社会主义现代化强国而服务的工作。劳模们的无私奉献使得他们为所从事的工作和行业创造更大的收益，实现更大的价值，使中国特色社会主义各项事业蓬勃发展。劳模们的无私奉献同样表现在对他人的关心爱护上，在做好本职工作的同时尽自己所能帮助他人，为有困难的人带去帮助和希望，他们在实现自身幸福的同时不忘为他人带来幸福。为国奉献、为民奉献的劳模将自己的时间和精力都投入工作中，投入帮助他人的行动中，从而为单位做出了更多贡献，为他人提供了更多温暖。对工作的奉献、对他人的奉献是劳模们无私付出的优良品质的见证。

① 马克思恩格斯全集：第 40 卷 . 人民出版社 .1960:7.

（三）创新是劳模精神的核心

抓创新就是抓发展，谋创新就是谋未来。广大劳动者都在工作岗位上努力做好自己的工作，而劳模们在普通劳动者中脱颖而出的核心要素就是创新。社会发展日新月异，若因循守旧、故步自封则必然落后于时代的发展。只有不断创新才能在平凡的工作岗位上做出不平凡的业绩。新的工作方法、新的工作制度、新的工作技术都是创新，不管是什么岗位、什么工作都需要创新，任何一个小创新都会对工作效率、工作效益起到重要的作用。因此，劳模们的突出贡献得益于创新。社会主义制度具有集中力量办大事的优势。每一个劳动者都实现一点创新，为工作做出一点贡献，中国特色社会主义各项事业的发展则会实现巨大的进步。完成工作是所有劳动者的任务，但创新工作方法，创新工作制度、创新工作技术是只有少数人才能实现的目标，从而对提高工作效率、增加工作效益发挥重要的作用，成为广大劳动者学习的榜样。

（四）奋斗是劳模精神的关键

奋斗是中华民族的传统美德，是中华民族发展史中不可缺少的重要精神力量，同样也是新时代宝贵的精神财富。新中国成立以来，经济的发展，人民生活水平的提高都离不开劳模们的奋斗身影。正是得益于每一位劳动模范的不懈奋斗，我国才能在"站起来""富起来""强起来"的道路上一步步前进。奋斗就是为了克服困难达成愿望而所做的努力。大多数劳模的人生并不是一帆风顺的，其中也经历了挫折、磨难，但他们仍依靠拼搏奋斗的生活姿态努力在自己平凡的工作岗位上做出不平凡的自己，从而创造了精彩的人生。只有以奋斗的生活姿态面对生活中的磨难，才能笑对人生。为了生存发展的需要，劳动者都需要一定的名利或奖励等，这是人的正常需求。但劳模们获得外在的荣誉或奖励完全是靠自己的拼搏奋斗，是靠自己的心血和汗水所取得，是在道德的范围内、在不损害集体和他人利益的基础上所取得，是奋斗的结果。

二、劳模精神的时代价值

挖掘劳模精神的时代价值是充分发挥劳动模范榜样作用的前提，劳模精神具有重要的时代价值是弘扬劳模精神的突破口。弘扬劳模精神的时代价值，有助于在全社会形成学习劳模的良好社会风尚，有助于将劳模精神转化为物质力量，推动中国特色社会主义实践在新时代的新发展。

（一）丰富了新时代民族精神，实现了抽象性与具体性的统一

新时代民族精神蕴含着中华民族深厚的文化底蕴，同时具有强大的新时代精神力量。劳模是新时代民族精神的现实载体，凝结劳模优良品质的劳模精神是新时代民族精神的重要内容。劳模具有伟大的创造精神。创新创造是劳模在广大劳动者中脱颖而出的重要原因，是劳模在平凡岗位上做出不平凡业绩的关键因素。劳模具有伟大的奋斗精神。奋斗作为劳模精神的关键，是劳模人生闪光的精神支撑。普通劳动者的成名之路必然离不开奋斗，只有奋斗的人生才称得上精彩的人生。劳模具有伟大的团结精神。人是社会关系的总和，每个人都需要与他人相处，每个人的工作都需要他人的协作，劳模的成功离不开与同事的团结协作。劳模具有伟大的梦想精神。分布于各个平凡岗位的劳动者不甘平庸，具有伟大梦想，才能在理想信念的指引下不断奋斗、不断团结、不断创造，才能在平凡的工作岗位上实现不平凡的人生。劳模是新时代民族精神忠诚的信仰者和坚定的实践者，为广大劳动者提供了实现新时代民族精神的生动典范。劳模精神是新时代民族精神的重要组成部分，实现了理论的抽象性与现实的具体性的统一，为新时代民族精神的弘扬和传播做出了重要贡献。

（二）展现了社会主义核心价值观的精髓，提供了精神转化的现实样本

劳模精神实现了社会主义核心价值观的具体转化，劳动模范实现了社会主义核心价值观转化为情感认同和行为习惯的现实样本。"富强、民主、文明、和谐"的国家价值，"自由、平等、公正、法治"的社会价值目标，以及"爱国、敬业、

诚信、友善"的个人价值目标的实现都必然诉诸人民的劳动实践。没有对劳动的热爱，没有对中国特色社会主义事业的激情，没有对社会主义现代化国家的追求，社会主义核心价值观就只是一句口号。劳模是广大劳动者中真正将社会主义核心价值观内化于心、外化于行的模范，劳模精神源于生活又融入生活，是社会主义核心价值观的具体转化。新时代，弘扬劳模精神就是弘扬社会主义核心价值观，是将社会主义核心价值观转化为人们的情感认同和行为习惯的重要途径。

（三）成为实现中华民族伟大复兴的精神引领，推动中国特色社会主义事业发展的重要精神力量

中华民族的发展史可以说是中国人民的劳动创造编写的具有伟大精神的历史。中华民族的伟大复兴不是一蹴而就的，而是需要人民付出辛勤努力，建设社会主义现代化强国面临着各种挑战。"实现我们的发展目标，不仅要在物质上强大起来，而且要在精神上强大起来。"[①] 不惧困难，勇往直前，需要辛勤劳动以及强大的精神支撑，新时代劳模精神则凸显出其独特价值。在新冠疫情期间，广大的医生、护士发挥了伟大的劳模精神，坚守在抗疫一线，为中国战胜疫情做出了不可磨灭的贡献。劳模是存在于身边的，劳模精神是耳濡目染的。劳模精神可以渗透到广大劳动者的工作、学习和生活中，是不可忽视的精神力量。每个劳动者都以劳模为榜样，以劳模精神为引领，积极投身社会主义现代化建设，则实现中华民族伟大复兴具有强大的精神引领，中国特色社会主义事业的发展具有强大的精神力量。

三、新时代劳模精神的培育路径

劳动模范作为劳动群众的杰出代表，是普通劳动者个人发展的标杆，是推动企业发展的动力源泉，是促进社会发展的突出贡献者。现阶段是实现中华民族伟大复兴的重要阶段。如何培育更多优秀的劳动者，为中国特色社会主义事业的发

---

① 虞忠辉.弘扬财政精神　为实现中国梦增光添彩 [J]. 财政监督，2013(30)..

展贡献力量，是新时代亟须回答的时代课题。纵观劳模的成长经历，良好家风的浸润、学校和单位的培育以及劳模评选的社会激励是劳模成功的必备条件。

（一）良好家风的浸润

家庭是人生的第一个课堂，家风是一个家庭的精神内核，良好家风具有潜移默化的浸润作用。在良好家风的影响下成长起来的劳动者，具有家庭教育中所推崇的优良品质，具有工作中所需要的端正态度，具有遇到困难时的强韧品格。良好的家风造就劳模成长之路的行为习惯，是劳模成功之路的重要精神支撑。而不良家风则会影响一个人、一个家庭乃至社会不良风气的形成，是个人发展、家庭和谐、社会进步的制约因素。因此，培育优良家风是新时代弘扬劳模精神的内在要求。社会要加强对中华优秀传统家风家训以及老一辈革命家的优良家风的宣传与弘扬。家长要自觉学习良好家风，以自身为榜样，培育新时代优良家风。家庭中的女性更要发挥其独特作用，在良好家风的培育和践行中发挥主力军作用。

（二）学校和单位的培育

学校的文化教育和工作单位的技能培训都是劳动者丰富知识、提高技能的教育活动。学校的教育是学生学习基础文化知识，提高思想道德修养的主渠道。在学校教育中，学生可以接受系统的文化知识，可以接触到各种榜样人物的成功事迹的激励，可以培养正确的世界观、人生观、价值观，从而得到思想的启迪、确定人生的榜样并树立远大的理想。学校教育是部分劳动者在学习榜样、坚定理想的道路上成为劳动模范的前提和基础。因此，学校应发挥教育主渠道的重要作用，扣好学生人生路上的第一粒扣子，为青少年以后的成长发展奠定良好的基础。此外，工作单位的支持和培养同样是普通劳动者成为劳动模范不可缺少的因素。事物是联系的，唯物辩证法启示我们任何事物都处于与其他事物的联系之中。人是社会关系中的人，同样，工作任务的完成也需要他人的团结协作。普通劳动者要在工作中有所创新和突破，离不开领导的支持和同事的帮助。而工作单位的技能培训同样是劳动者在工作中有突出表现的一个重要因素。现代社会日新月异，科学技术的发展使得劳动工具以及劳动手段不断更新，劳动者只有不断接受新科技，不断接受工作领域内的新知识，才能有所创新，在平凡的工作岗位上创造出不平凡的工作业绩。因此，企业、集团等工作单位应保障劳动者接受教育培训的权利，向劳动者提供工作领域内技能培训的机会以及创造同事间交流学习的机会，劳动者才能在思想碰撞中迸发出创新创造的火花。

（三）劳模评选的社会激励

劳模评选制度具有个人发展层面的激励与引领功能。作为国家和社会的一分子，劳模自身的行为得到他人的赞赏并具有影响他人的精神力量，在这样的社会环境下，劳模们感受到的是满满的幸福感以及责任感。改革开放40多年来，中国实现了从富起来到强起来的伟大飞跃。中国特色社会主义各项事业的快速发展，同样少不了各行各业的劳模们背后的付出。清洁工们用他们的双手为我们创造了干净的环境，工人们用他们的劳动为我们建起一座座建筑，科学家们用他们的智慧为我们发展科学技术。每一个劳动者都是社会发展、国家建设不可缺少的一分子，正是这份主人翁意识和无私奉献的精神，使他们获得了劳动模范的荣誉。尽管获得荣誉和奖励不是他们的目的，但是这些外部的认可是对他们付出劳动的肯定。荣誉的奖励使劳模们看到自身的付出得到他人的理解，自身的价值得到他人的重视。在获得国家和社会的肯定后，劳模们收获了兴奋、幸福之情，同时以更高的热情和更负责的态度回馈社会。因此，国家应不断完善劳模评选制度，加强对劳模精神的宣传与弘扬，以此激励劳模做好自身表率作用，同时引领广大劳动者不断为实现中华民族伟大复兴而努力奋斗。

敬业是劳模精神的基础，奉献是劳模精神的重点，创新是劳模精神的核心，奋斗是劳模精神的关键。深刻把握劳模精神的时代内涵是新时代宣传与弘扬劳模精神的前提和基础。劳模精神具有丰富新时代民族精神、展现社会主义核心价值观精髓以及实现中华民族伟大复兴精神引领的重要价值，是新时代宝贵的精神财富。因此，如何宣传劳模精神，如何促使劳动者践行并养成劳模精神，是新时代需要解决的重大时代课题。纵观劳模的成长经历可以发现：良好家风的浸润、学校和单位的培育以及劳模评选制度的社会激励是劳模精神养成的主要因素，是社会培育广大普通劳动者的重要途径。但劳模精神在新时代的宣传与弘扬还需要做出更多、更深入的探索，以促使劳模精神在新时代能够真正走入广大劳动者眼中，深入广大劳动者心中，并实现于广大劳动者行中。

第二节　传承工匠精神

作为一种职业价值信念、行为习惯和精神表达的工匠精神，它的具体内涵和特点会随着社会环境的变化而改变。社会主义建设初期，工匠精神在国家加速工业化进程的背景下形成了其特殊内涵。而改革开放以来，伴随着国家工业化进程和现代文明的塑造，工匠精神的内涵愈加丰富，它在保持传统优秀品质的同时，更加富有现代气息和时代风貌。工匠精神的传承与发展，既积极回应了时代发展潮流，同时又在改革开放的历史进程中发挥了重要作用。如今，改革开放步入新的阶段，我们要继续挖掘培育工匠精神的时代内涵，为建设制造强国提供有力支撑。

一、时代环境：改革开放的实践要求工匠精神实现传承与发展

工匠精神孕育于我国传统工匠文化之中，是工匠优秀品质的凝结，在国家的建设和发展过程中发挥着重要作用。改革开放 40 多年来，工业化道路的发展和创新、市场经济的发展和完善、精神文明的建设和提升，都要求工匠精神实现传承与发展。

（一）工业化道路发展创新的必然选择

工业化程度是衡量一个国家综合国力的重要指标，无论是提供百姓日常生活所需，还是打造国之重器、发达的工业都是其不可或缺的前提条件。中国工业有了进一步发展，社会主义现代化建设逐步推进，为改革开放的顺利进行打下了良好基础。但是，当时中国工业化形势仍然十分严峻。一方面，新中国成立之后近30年的发展是在高度集中的计划经济体制下进行的，发展工业是以其他产业特别是农业的滞后发展为代价的，是依靠农产品价格的"剪刀差"来支撑工业的高投入、高积累、高消耗，经济效益不高，产业结构不合理。另一方面，当时的中国还面临着复杂的国际形势。正是改革开放之初的这种严峻形势，激发了中国人民迅速实现工业化的决心，要想在国际竞争中占有一席之地，必须提升我国的工业化水平，特别是作为其支柱的制造业。

经过改革开放以来的实践和发展，中国的工业化水平突飞猛进，工业化建设成绩世界瞩目，但是新的问题也随之而来。在经济全球化深入发展、科学技术日新月异的背景下，以环境和资源的高投入为基础的低端制造业越来越成为国民经济发展的阻碍。新的更高的工业发展标准，要求增强工匠精神的时代内蕴。在社会主义现代化进程中，当代工人弘扬工匠精神，必须更加注重其创新性要求。各行各业都要把创新摆在日常工作的重要位置，形成能创新、善创新的时代风尚。由工业大国走向工业强国，由制造大国走向制造强国，这是一个技术创新、匠艺积累、财富汇聚的过程。

（二）市场经济健康发展的强烈诉求

随着社会主义市场经济体制建设的推进，中国的经济发展进入快车道。企业家们对市场经济的机遇充满渴望和乐观，"只争朝夕""有水快流"、贪多求快、急于求成等，成为这种背景下最突出的社会心理倾向。他们利用低价格要素的比较优势，不惜代价地发展工业、制造业，迅速扩大了生产能力和市场份额。在国际上，中国越来越多的工业品具有了"势不可当"的市场渗透力和规模扩张力，"中国价格"也越来越具有横扫国际市场的强大冲击力和消费者亲和力，从而极大地冲击着工业竞争的世界格局。社会主义市场经济建设成就斐然，中国正在以更加强有力的竞争姿态站在世界历史的舞台上。

然而，同发达国家相比，中国的市场竞争力仍然不够强大，或者说是不够健康。比如，迄今为止，中国制造业的竞争力仍然主要来自低价格优势，以自主创新为基础的竞争优势明显不足，能够在世界舞台上占据一席之地的中国品牌并不多，等等。这些现实问题对转变经济发展方式、调整市场经济布局提出了新的要求。同时，在社会主义市场经济之下，人们竞相追逐经济利益，"金钱至上"成为一些人的行为准则，"拜金主义""享乐主义"在社会上大行其道，对良好社会风气的形成产生负面影响。因此，实现市场经济的健康发展，不仅要继续发扬工匠精神内含的爱国敬业、练技修心、精益求精的品质，同时还要赋予其新的时代特色和现代内涵，让工匠精神融入现代人的生产生活，从而成为促进市场经济健康发展、改善社会风气的重要动力。

（三）社会主义精神文明建设的时代要求

改革开放以来，社会主义精神文明建设逐渐成为社会发展的一项重要课题。弘扬艰苦创业、开拓创新的精神品质，是社会主义精神文明建设一以贯之的要求，它在不同的时期呈现出不同的表现形式。改革开放之初，计划经济给人们带来的思想束缚仍然存在。20世纪末，社会主义现代化建设仍然处于艰难的创业时期，中国经济发展的转型压力增大，社会环境更加复杂，这就对人们的精神面貌提出了更高要求。进入21世纪以后，中国迎来了发展的重要战略机遇期，更加需要艰苦创业、开拓创新的精神品质，民族精神的培育成为文化建设极为重要的一项战略性任务，其目标在于帮助全体人民在世情党情国情的深刻变化中始终保持昂扬向上的精神状态。

为了巩固改革开放的伟大成就，应对世界范围内的各种文化相互激荡和科学技术的迅猛发展，战胜前进道路上的困难和挑战，必须实现中国人民精神状态的新的跃升。作为一种具有时代性的精神，工匠精神内在地蕴含着爱国主义和改革创新的精神要求。因此，在改革开放时期，实现工匠精神的创新发展，是社会主义精神文明建设不断推进的时代诉求。让工匠精神融入精神文明建设过程中，激励中国人民继续为社会主义现代化建设而奋斗，同样是工匠精神实现传承与发展的重要目标。

二、三重特性：改革开放的实践对工匠精神的丰富和创新

工匠精神自古以来就存在于人类社会之中，就时间角度来说，不同的时代工匠精神具有不同的内涵。传统的工匠精神，指的是手工业者专注于本行业，力求造就精湛手工艺品的精神。现代意义上的工匠精神，则体现了工艺与价值的双重塑造。在改革开放的伟大实践中，工匠精神的开拓性、包容性和创新性都得到了进一步增强和升华。

（一）改革的实践增强了工匠精神的开拓性

改革开放以前，尽管新中国已经积累了一定的财富，建立起了一个独立完整的工业体系和国民经济体系，但是总体上来说，生产力发展仍然缓慢，科技教育水平落后，人民的温饱问题得不到有效解决。在计划经济体制影响下，无论是国家层面的体制、政策，还是人民的思想、行为，都亟待变革。1978年十一届三中全会的召开，翻开了中国改革开放的篇章，这是一场"前无古人"的事业，没有任何案例和经验可供参考。正是在这样的基础上，中国共产党带领人民披荆斩棘，从"没有路"的荒原开辟出了一条走向美好生活的康庄大道，逐渐探索出了一条中国特色社会主义道路，并确立起与之相适应的一整套制度、思想体系，这是一项具有开拓性的成果。

而现实社会的改革实践，必然会反映到社会意识层面。工匠精神作为社会意识层面的内容之一，其形成和发展必然会受到社会现实的影响，40多年来的改革实践就为其增强了开拓性。比如，一批企业践行工匠精神，开拓性地确立了民族品牌的世界地位。改革开放以前，在计划经济体制的影响下，民营企业几乎没

有生存空间；而改革开放以后，伴随着经济体制的改革，市场经济蓬勃发展，涌现出了一批极富开拓精神的民营企业，在许多重要行业和关键领域铸就了"中国制造"的世界名牌。"华为"就是其中的杰出代表。"华为"从最初一家小小的通信设备企业，经过30多年的发展，成为中国民营企业的龙头和世界知名的大品牌。它在许多关键领域已经处于世界领先水平，尤其是在2018年2月完成了5G技术的开发和应用，实现了多个"世界第一"。以"华为"为代表的众多优秀企业，在继承工匠优秀品质的同时，勇于改革，敢于开拓，为改革开放的伟大事业不断添砖加瓦。工匠精神的开拓性内涵随着改革开放的深入进行不断得到丰富和发展。

（二）开放的态度升华了工匠精神的包容性

世界发展的历史告诉我们，一个国家、一个民族要实现自身的发展，必须以开放的姿态和胸怀面向世界，而眼光狭隘、闭关自守的结果只能是落后挨打。实践证明，经济的发展离不开对外开放，而技术的进步同样需要互动交流。传承发展是工匠精神的题中应有之义，因此工匠精神本身具有包容性的特质。但是，工匠精神诞生于传统的小作坊式的生产状态，相对来说较为封闭，同时，由于中国传统社会根深蒂固的"家传"观念，使得这种包容性并不突出。工匠精神的包容性在改革开放的伟大实践中得以发展和升华。

改革开放后，党和国家领导人逐步认识到，要发展经济，必须坚持对外开放。邓小平指出："对外开放具有重要意义，任何一个国家发展，孤立起来，闭关自守是不可能的，不加强国际交往，不引进发达国家的先进经验、先进科学技术和资金，是不可能的"①。此后，国家屡屡派出考察团赴国外考察，前往德国、美国、日本等在科学技术上排在世界前列的国家进行学习访问。出国考察和访问不仅开阔了决策者的眼界，同时也使科技工作者和技术人员意识到学习西方先进发展经验和技术的重要性。改革开放40多年来，中国对外开放的力度不断增大，设立

---

① 邓小平文选：第三卷．人民出版社．1993:117.

经济开放区、沿海开放城市，制定外商投资的相关政策和法律法规，鼓励中外合作办厂，积极引进西方资金、设备和手段等。在对外开放的背景下，工匠精神的包容性也有了更深刻和更广泛的内涵。从纵向来说，改革开放时期的工匠精神继承了传统工匠精神的核心要义；从横向来说，工匠精神更加具有国际视野和开放的胸怀。对外开放的不断扩大，让工匠精神的国际视野尤为突出。随着中国大门的敞开，国人开始把眼光投向世界。钻研技术的工人看到了中国与世界的差距，看到中国的制造业和工艺技术与世界发达国家之间的巨大差距，从而越来越注重对国外生产技术的学习和钻研，奔赴世界各地进行学习成为潮流。工匠精神不是闭门造车，而是在不断的交流和学习过程中，吸收好的技术和经验，融会贯通、实现超越。因此，工匠精神的包容性特点在对外开放的实践过程中得到升华。

（三）科技的发展提升了工匠精神的创新性

自古以来，工匠精神就蕴含着创新的内涵。《考工记》有这样一段记载："知者创物，巧者述之守之，世谓之工。"①将"创物"者称为"知者"，将"述之守之"者称为"巧者"，从这里可以看出古人早已对工匠进行了区分，只有那些懂得创造的才能称为"智者"。中国古代"四大发明"享誉海外，正是具有卓越创新精神的工匠钻研的成果。但是，步入近代之后，由于闭关锁国政策，中国没有跟上世界发展的步伐，错过两次工业革命的浪潮，在技术上逐渐落后了。新中国成立后，在众多科技工作者的努力下，我国有了许多创新性成就，诸如氢弹、导弹、人造地球卫星等国防科技成果，打破了西方国家的技术封锁。但是，就整个社会发展层面来说，创新性仍然不足。

在改革开放的实践中，中国科学技术水平有了质的飞跃。科技的发展使我们重拾并放大了工匠精神的创新特质，同时又对创新提出了更高的要求。40多年来，在广大科技工作者和劳动人民的努力下，中国的工业制造和科学技术在许多领域都实现了创新性发展，载人航天、互联网大数据、生物科技等，实现了从无到有、

---

① （春秋战国）佚名著；俞婷编译 . 考工记 [M]. 江苏凤凰科学技术出版社，2016.11.

从有到优的根本性转变。坚持创新发展，是改革开放实践得出的正确结论，是在 21 世纪站稳脚跟的必由之路。这一实践性结论使得工匠不仅要"造物"，还要"创物"的观念逐渐深入人心。当前，经济发展新常态给中国带来了新的发展机遇，成为实现中国经济转型升级的重要契机。供给侧结构性改革，大众创业、万众创新，五大发展理念，创新驱动发展战略等，这些新政策、新理念，无不瞄准着创新这个时代航标。技术创新需要人才，只有一大批技能型人才，才能支撑起中国创新战略的发展。懂技能、善创新的劳动者队伍是建设创新型国家的基础。科学技术日新月异，要赶上时代步伐和世界潮流，必须要把创新这一特性放在重要位置，各行各业的劳动者都要用精益求精的态度追求革新创造。

改革开放已经步入"不惑之年"，改革开放新阶段的工匠精神又增添了许多新的时代内容。实现社会主义现代化、打造人类命运共同体等，这些发展目标又进一步丰富了工匠精神的内容和特点。新时代围绕实现"中国制造 2025""互联网 +"、大众创业、万众创新，必须大力弘扬工匠精神，既要以精益求精的态度练好基本功，又要以追求卓越的心态提质增效，从而为攻克世界核心技术和先进工艺设备，提升智能制造、绿色制造水平提供有力支撑。

三、价值依归：工匠精神在改革开放实践中的重要作用

改革开放以来，从开启新时期到跨入新世纪，从站上新起点到进入新时代，中国共产党带领勤劳勇敢的中国人民走过了一段波澜壮阔的奋斗历程，绘就了一幅气势恢宏的历史画卷，谱写了一曲美妙的时代赞歌。40 多年的砥砺奋进折射出中华儿女执着专注、立志前进、突破革新的品质，40 多年的伟大成就闪耀着工匠精神的光芒。"工匠精神"的弘扬和培育，在改革开放中发挥着独特的作用，它不仅是铸就制造大国的重要秘诀，涵育社会核心价值的关键所在，同时还是推动改革开放再出发的强大动力。

（一）铸就制造大国，打造制造强国的目标

工业文明的发展史告诉我们，强大的制造业是保证一个国家立足世界的重要基础。改革开放初期，中国的工业基础十分薄弱，生产力水平低下，产业配套、技术水平和管理水平都与西方国家有很大差距。改革开放40多年来，伴随着经济的高速增长，我国制造业持续快速发展，建成了门类齐全、独立完整的产业体系，大大推动了工业化和现代化发展进程，促使综合国力得到显著增强，为中国成为世界大国奠定了有力基础。中国用仅仅40余年的时间就走完了发达国家曾经走过的100多年的历程，这是一个世界奇迹。

这一世界奇迹的背后，除了中国作为一个人口大国、资源大国所具有的天然优势以外，更为关键的是凝聚在奇迹之中的精神力量。40多年来，十几亿中国人为着创造美好的生活，为着实现中华民族的复兴，埋头苦干、革故鼎新、披荆斩棘、敢闯敢干，共同铸就了改革开放的伟大成就。而这些精神标识无不显示着"工匠精神"的内在意蕴。在过去的历程中，我国的劳动者发扬工匠精神，为社会积累了巨额财富，为制造业的发展贡献了磅礴力量。近年来，引发众多关注的中美贸易战更让我们认识到，科技创新是国家发展强大的硬道理，国家要发展必须掌握世界核心科技。如今，各国都更加注重信息化、科技化、智能化，新一轮科技竞争和产业革命蓬勃开展。尽管我国制造业结构不断调整升级、创新能力不断提升、企业竞争实力显著提升，但是仍存在自主创新能力弱、资源利用效率低、产业结构水平不完善、信息化程度低、产品质量不高等问题也是不争的事实。新时代，要实现中国制造精细化发展、打造质量强国，就需要劳动者把工匠精神作为社会生产的内在支撑，以工匠精神的要求为准绳塑造制造强国。

（二）涵育社会核心价值，促进人的自由全面发展

改革开放以来，尤其是在市场利益的竞相角逐之下，一些人心浮气躁，盲目追求"短、平、快"带来的经济利益，使得蕴含精雕细琢、追求品质的工匠精神有所失落。但是，"工匠精神"作为一种内在追求，早已融入改革开放的发展历

程之中，蕴含于中国人民的奋斗之中，成为一种珍贵的国民品格。这对社会核心价值的塑造、人的自由全面发展具有重要意义。

社会核心价值的塑造，是任何时代、任何国家都永不褪色的话题。"工匠精神"的传承和发展，对改革开放时期社会核心价值的塑造发挥了重要作用。一方面，"工匠精神"吸收了中华民族传统美德，将其以新的时代形式呈现出来。"工匠精神"是个新词，但它的内涵和精神实质却是蕴含于中华民族传统美德之中，绵延于中华几千年文明之内。另一方面，"工匠精神"契合了社会主义核心价值观的要求，它与弘扬社会主义核心价值观是完全一致的。改革开放以来，随着社会主义市场经济的繁荣，社会核心价值的塑造成为重大命题。"工匠精神"倡导敬业乐业、精益求精、爱国奉献，与社会主义核心价值观的要求是完全一致的。弘扬工匠精神，就有利于继承和弘扬传统美德，有利于把社会主义核心价值观的要求落细、落小、落实，与人民群众最密切的生产生活结合起来，从而做到润物细无声。

促进人的自由全面发展与涵育社会核心价值是同向同行的。社会核心价值的塑造，是对每一个社会成员的普遍要求，而树立正确价值观，又是社会成员实现自由全面发展的必备条件。在生产生活中，劳动者本着"工匠理念"，认真打磨技艺，精益求精，爱岗敬业，从而提升了素质、实现了自我的主体价值。有本领、有技术、有精神，就能在劳动过程中更好地实现自身的价值。因此，弘扬和养成工匠精神的过程，也是实现人自由全面发展的过程。

（三）厚植改革斗志，助力改革开放再出发

在中国共产党的带领下，中国人民已经走过了40多年的改革开放历程。40多年来，中国人民逢山开路，遇水架桥，克服各种困难和挑战，创造了伟大的成就。中国从一个人口多、底子薄的经济弱国，一跃成为世界第二大经济体、制造业第一大国。但是，秉持工匠精神的中国人民并不满足现状，追求进步是我们的一贯追求。工匠精神的核心是精益求精，这一精神实质促使我们认识到改革开放虽然已经跋山涉水40多年，但是其任务还没有完成，仍然要继续向前推进。

改革开放不是一劳永逸，我们不能停留于已经取得的成就，而要以追求进步的心态继续推进改革开放，不断进步是中华民族一贯的追求。当前，经济全球化、信息科技化、人工智能化蓬勃兴起的背景，给经济、政治、文化、社会等各方面发展都提出了新的要求。要建成富强民主文明和谐美丽的社会主义现代化国家，实现中华民族伟大复兴的中国梦，我们必须在新的历史起点上全面深化改革。当今世界，变革创新的潮流滚滚向前，"苟利于民，不必法古；苟周于事，不必循俗"①，变革创新是推动人类社会向前发展的动力，不变革、不创新注定会落后于时代的潮流。中国已经错失第一次和第二次工业革命的机遇，绝不能再错失第三次科技革命的良机。当前，我们不仅面临着产业转型升级、结构调整增长、科技创新争先的挑战，同时还要应对推进政治体制改革、保持社会秩序稳定带来的难题。我们要继续弘扬"工匠精神"，以精益求精、务实进取的态度落实好各项发展和改革任务，把改革开放推向新的高度。

我国改革开放40多年来的历程，伴随着工业化道路的发展和创新、市场经济的发展和完善、精神文明的建设和提升，工匠精神实现了自身的创新与发展，其开拓性、包容性和创新性都得到了进一步增强和升华。与此同时，工匠精神在改革开放过程中发挥了重要作用，成为一种缔造伟大事业和伟大传奇的精神力量。

2016年，"工匠精神"首次出现在政府工作报告中。在"互联网+""创新创业"成为中国年青一代眼中热词的今天，具有传统气质的"工匠"受到了强烈欢迎。产生这一现象的根本原因在于中国的经济发展环境和社会条件发生了变化。

当前的中国，在经济、政治、文化、社会各方面都实现了快速崛起，但也面临着前所未有的困难和挑战。经济发展质量的提高、政治体制的变革、尖端科技的发展、人民生活水平的进一步提升，构成了社会主义现代化国家的现实要素。这一切的实现，都离不开各行各业的"工匠"发挥聪明才智。"工匠们"用创新性的思维和技术方法，创造出富有时代意蕴"高精尖"产品，不断满足国家发展的战略性需求，也不断满足人民日益多样化、高层次的生活需要。

① 李定生、徐慧君.文子·上义.上海：上海古籍出版社.2004:422.

随着改革开放进入新阶段，中国的经济发展也迎来了新常态，要绘就一幅小康社会的美好画卷，离不开工匠精神的凸显和弘扬。今天我们倡导"工匠精神"，倡导的就是一种敢于开拓、勇于创新、开放包容的精神。新时代的劳动者，要努力向工匠精神看齐，不断地修炼内在品质，提升精神境界，掌握更多关键领域的关键技术，锻造出更尖端的时代精品。与此同时，我们还要创造各种物质条件，竭力在各行各业中培养一大批工匠，尤其是要注重培养年青一代的工匠品质。青年工匠精神的成功塑造，将使我们的社会真正充满活力，也必然会为改革开放的新征程提供源源不断的动力。

第三节　发扬科学精神

一、科学精神的含义

科学的承载者就是科学精神，科学精神也是科学存在的基础。涉及自然本身与其规律的知识体系、认知活动以及社会构架是构成科学的基本元素。以此为基础，进一步升华就产生了科学方法、思想与精神。

首先，根据科学认知而产生的理论成果就是所谓科学知识。它是一个构架严密的知识系统，其中容纳了数目众多的科学概念、定律等。科学知识是一种知识体系，也是一种学说传统，其历史源远流长，其内容内涵丰富，而且它是一个动态变化的过程，会随着社会的变迁而与时俱进。科学知识作为公共知识的核心是从近代逐步开始的，其作为常识标准的一种，称得上行动的认知基础与判定行为合理性的准则，可以判断某一行为是否恰当。人类既需要对自身生存与繁殖的本能进行满足，还需要认知与理解自身及自身所处环境。以客观角度对人类求知需求进行满足的知识体系就是所谓科学知识。解释、预见与转化为应用技术这三项功能是对科学知识价值的直接展现，通过对科学知识的学习，人类可以正确理解世界与人类本身。以对科学知识的掌握为基础，可以利用科学的方式对未知现象进行预知与发现，加强实践的主动性。转化为应用技术是科学知识最为重要的一种价值，它就是推动人类改造世界的主要力量。总而言之，科学技术的与时俱进，使得它在我们这一时代已经成为不可或缺的知识体系。这一时代人的常识观念就是以科学知识为基础构建的。例如，即便大多数人类并未亲眼看见细菌与病毒，然而根据科学知识构建起的常识体系可知其是很多病症出现的罪魁祸首，因此科学始终是人类战胜大灾大疫的有力武器。只有通过科学研究摸清病毒传播途径，才能更有效地开展群防群控；借助实验找到有效药物，才能给公众送上"定心丸"。而科学家们正是坚持用科学精神指导病毒研究，按科学规律不断突破难题，才能最终找到打赢疫情防控阻击战的制胜武器。

其次，人类在进行科学研究时所采用的方法与途径的总和称为科学方法，又名为科学研究方法。站在广义角度，所谓科学方法就是科学的方式，它是与非科学的方法相对而言的，以科学为基础而产生活动方法在人类所有活动领域中都可以被称为正确，所以人类是通过科学方法探寻世界真理、探索知识奥秘。作为认识主体的主观方式，科学方法并不是主观臆测而产生的，其源自人类通过实践认知世界的过程。人类在对客观世界进行认知的时候，必定会自觉或不自觉地对自身行为模式或思想体系进行考量，通过特定模式联系客观世界。人类在经过多次思考与实践，发现有一部分行为模式与思想体系具有合理性与有效性，除此之外，还有一部分则存在错误之处。知识的客观性、真理性、权威性与纯洁性都建立在科学方法的基础上。塑造公民的科学精神必须在公民中推行科学方法，从而加强民族的科学素养。自20世纪中叶以来，现代科学发展趋向综合化与整体化，其原因在于一般科学方法，尤其是横向科学方法在所有科学部门的深入推广，及自然和社会科学在方法、理论、概念上的都存在融合与借鉴的迹象。所以现代科学研究建立在科学方法的基础上，科学研究成果的大小与科学研究本身的成败是由科学方法决定的，科学研究的突破也源自科学方法的变革与推广。在日常生活与工作中，掌握和利用科学方法是十分重要的，合理地使用正确的科学方法会对人类生活和工作带来极大便利。在学习时，使用科学的方式既可以提升人类处理各项问题的速度，还可以提升人类鉴别真伪的能力，从而帮助人类认清各种事物的本质。

最后，以科学知识为基础而产生的影响人类世界观的科学观念就是所谓科学思想。简而言之，在开展科学活动时所产生与使用的思想观念，就是科学活动存在的意义。科学思想既可以在潜移默化中指导科学研究的方向，还可以对人类的世界观产生极大影响。科学事实、定律等并不是科学思想，它是归纳总结各学科知识概念后产生的对自然与人类社会的基本看法，所以科学思想带有历史特点。科学实践是科学思想的来源，但科学思想也可以指导科学实践，所以其不仅是对科学活动的总结，还是对科学活动的指引。

综上所述可以得知，假如将科学知识视作人类重要的瑰宝，那么也需要有一双巧手对其进行雕琢才能展现其魅力，而这一双巧手就是科学思想，而雕琢的技术就是科学方法，其雕琢后的精品则是科学本身。科学知识、思想与方法所包含的每一个环节与层面都是对科学精神的一种具体展现。科学的灵魂与科学活动的理想原则就来源于科学精神，其还可以对科学与非科学进行鉴别。除此之外，科学精神还保证了科学知识、科学思想与科学方法具有真实性、有效性与客观性。同时科学知识、思想与方法也共同构成了科学精神，唯有掌握科学知识、思想与方法才可以深入感悟科学精神。只有具备深厚的科学常识，才可以确保人类具有理性，只有体会到正确的科学思想，才可以确保人类能够掌握科学的合理性与深刻性，只有学会合理地使用科学方法，才可以确保人类在分析现实问题时具备合理性与真实性。

二、科学精神的内容

核心层与外围层是科学精神要素的两个层面。科学精神的中心内容就是所谓核心层，科学精神的外在表现则是所谓外围层。科学精神的中心就是求真务实和开拓创新，科学精神的本质就来源于此。就本质而言，所谓科学精神就是不论时间与地点，站在客观的角度，探索新的规律，并进一步掌握与利用它，通过新方法、视角与思想，持续研究世界本质。唯有明确科学精神的中心所在，才可以确保人类掌握科学精神的本质。科学精神的本质既是保证科学生存、推动科学发展的根本动力，也是对科学活动各个侧面的一种具体体现，这就表示科学精神的本质可以具体演化出更多内容要素，由此就产生了外围层，如理性精神、实证精神等，都属于科学精神本质的外在展现。目前，世界上还未针对科学精神的外在表现形成系统的理论。

通过上文可知，人类目前普遍认可的科学精神就是求真务实与开拓创新，所以本节中所说的科学精神的内容指的就是求真务实与开拓创新。

首先，科学的主要目的就是发现与探索世界真理，这也就是所谓求真务实精神，具体而言就坚持科学认知的对象是"实事"这一理念，将科学实践作为"求实"的唯一途径，去检验真理真伪。近代以来的科学发展向人类证明了一个真理，即客观是世界的基本属性，真理就在这一属性中隐藏，也就是说，通过客观事实可以发现并探索真理。求真务实精神也就在于此。其次，创新是科学的根本，必须要持续探索与研究真理，这就是所谓开拓创新精神。我们处于一个科学爆炸式发展的时代，持续地对客观世界进行探索，使各种新的科学技术、理论思想不断出现，科学本质力量在精神层面上的具体体现就是开拓创新。对新现象进行探索，对新规律进行揭示，对新概念进行概括，对新理论进行总结是科学存在的使命。

三、科学精神的特征

意识的一般性特征是科学精神具备的特征之一。强制性灌输是无法增强科学精神的，只有掌握并遵循科学精神的特征才能强化科学精神。

首先，非物质性是科学精神的特征之一。人类生存与发展的精神动力之一就有科学精神，人类以整体的形式在科学活动中展现的非物质东西就是科学精神的非物质性。人类在进行科学认知与实践活动时所产生的一整套价值观念体系就是所谓科学精神，这一体系产生之后，就可以引导人类开展科学活动与其他相关活动。除此之外，它作为人类宝贵的精神财富，体现了科学事业存在的内在意义，具有传承属性。科学精神在人类的日常生产生活与科学研究中是无法被立刻察觉到的，与可以直观展现的科学知识不同，科学精神是掌握科学知识的前提，科学精神是一种精神层面的存在，属于更高层级，也是科学活动内在的精神要素。这就表明如果以金字塔结构对科学进行划分，那么科学精神毫无疑问属于最上层，科学文化也是以此为基础形成的，人类在日常生产生活中会自觉或不自觉展现自身所拥有的科学精神。

其次，相对稳定性也是科学精神的特征之一。科学与时代的发展会导致科学精神产生一定变化，但是这一变化在日常中我们是难以察觉的，是十分缓慢的，这就使得科学精神具备一定的稳定性。由于科学精神是以科学为载体的，同时科学作为阐释世界真理的一种知识体系具有系统性，也与社会、政治、文化等方面具有紧密联系，是一种持续探索世界真理的社会活动。同时鉴于当前社会受到科学的影响越来越大，这就使得科学由此分化出更多特征与功能，从而进一步扩展与丰富了科学精神的内容。例如：除了科学精神初始就具备的求实与理性精神之外，又增添了创新精神等。然而不论科学精神如何扩展，其内容基本都具备一致性，所以相对稳定性就成为科学精神特征之一。

最后，积极性也是科学精神的特征之一。即便科学精神对人性中存在美好事物进行了集中的汇总、升华与创造，使得人类每人都能够学习它们，但其和科学知识、方法的学习都存在一定差异，学习科学精神并不是依靠智力与技巧。这就使得想要单纯地通过记忆与模仿来掌握科学精神是不可能的，如果想要掌握科学精神，就必须以积极主动的心态，去体悟科学精神才有可能做到。这就表明科学精神的培养是需要漫长时间，在潜移默化中进行的，唯有在漫长时光中全身心地投入到对科学精神的领悟之中，才可以逐步掌握科学精神的精髓。

四、科学精神的培养原则

坚持理论联系实际的原则。想要实现科学精神的有效培养，需要重视理论联系实际原则的应用，究其原因，主要是实践才是检验理论的唯一标准，空口大话，纸上谈兵往往不能达到最终的目的，因此需要把理论和实践相结合，用实践对理论的有效性和可行性进行检验和评估，才能了解理论的真实作用。在研究过程中，需要借助不同类型的社会实践活动、实际行为，对社会主义中国的优势和特色进行反映，明确中国特色社会主义的发展目标和建设意义，进一步提升人们对世界的认知能力，树立正确的世界观、人生观和价值观。

坚持实施全面素质教育的原则。全面素质教育的践行，具有重要的实践意义，基于某个角度来说，想要实现民族的复兴并非易事，不是一蹴而就的简单操作，是一个漫长的发展过程，需要政府和人民齐心协力，相互帮助，相互扶持，培养更多的优秀人才，为国家的发展和壮大提供有力的保障。在当前的社会背景下，纯粹的技术教育并不存在，纯粹的人文教育也不存在，只有实现两者的结合，才能发挥教育的整体效果，任何一种教育模式，都是不可或缺的重要组成部分。人文、社会以及相关的管理科学实践过程中，应与工程技术相结合，才能发挥其真实作用，逐渐形成综合的新兴观念和前所未有的思想。作为当代青少年，在学习过程中，除了学习课本知识之外，还需重视自身科学素质、文化素质以及发展素质的培养，缺一不可。教育事业的发展和实践，应重视文理的有效结合，关注综合素质教育的重要性，对自然科学、文化发展以及人文主义等科学之间的关系进行明确，重视相互之间的协调和配合，提升教育的质量和效率。基于上述背景下，我们每个人都应在不断的学习和生活过程中，存储科学知识，积累成功的经验，积极参与科学精神的培养，端正态度，实现自身综合素质和能力的提升。素质教育相关政策的实施，可以帮助我们深刻体会科学精神的内涵，实现综合、全方位的和谐发展。

第四节　崇尚企业家精神

企业家精神是驱动经济发展的基本力量，能够促进企业在经济社会中发挥重大作用。实践经验表明，企业家精神是推动企业发展，进而驱动国家经济增长的重要动力。基于此，本节在探讨传统企业家和国有企业家概念的基础上，结合时代发展背景，系统梳理了国内外企业家精神内涵，最终总结出新时代企业家精神的 7 个内涵，包括经典内涵中的创新精神、创业精神、学习精神以及时代内涵中的工匠精神、诚信精神、合作精神和责任担当精神。

2017 年 4 月 18 日，习近平总书记在中央全面深化改革领导小组第三十四次会议中强调："企业家是经济活动的重要主体，要深度挖掘优秀企业家精神特质和典型案例，弘扬企业家精神，发挥企业家示范作用，造就优秀企业家队伍。"[1]中国共产党第十九次全国代表大会报告明确提出："激发和保护企业家精神，鼓励更多社会主体投身创新创业。"[2]2018 年 1 月 22 日，习近平总书记在致信全国个体劳动者第五次代表大会上提出："弘扬企业家精神，发挥企业家作用，坚守实体经济落实高质量发展。"[3]总书记近年来一系列的讲话和中央发布的文件反复强调企业家精神的重要性，这表明在改革开放和中国特色社会主义事业进入新时代之际，党对企业家精神在中国特色社会主义建设中的贡献有了更高的期许。

一、企业家及企业家精神概述

最初学术研究和实践中提到的企业家一般指民营企业家，而近年来随着国有企业改革的不断推进，国内许多学者基于国有企业开拓市场、设计新产品、开

---

[1] 张乐.中国经济50人论坛2018年年会 从高速增长到高质量发展[J].中国经济信息 2018（05）：1.

[2] 徐旭.激发和保护企业家精神鼓励更多社会主体创新创业[J].奋斗,2018（02）：11-12.

[3] 习近平.习近平致全国个体劳动者第五次代表大会的贺信[J].中国产经,2018（02）：1.

发新技术、进行组织制度变革等，提出了企业家和企业家精神的概念。2017 年 9 月 25 日，国务院正式颁布《关于营造企业家健康成长环境弘扬优秀企业家精神更好发挥企业家作用的意见》（后文简称为《意见》），首次提出了"国有企业家"的概念，强调了国有企业家的重要地位，将国有企业家列入我国企业家队伍中。

对国有企业是否存在企业家精神问题的探讨应同时立足于理论和实践，国有企业家确实在某些方面区别于传统理论界定的企业家，他们作为一类特殊的企业家群体，承担着国有企业与生俱来的政治使命，但他们又与普通企业家一样需要参与残酷的市场竞争、领导企业进行创新和变革。因此，只有国企高管具有创新创业精神、长期坚守企业、全心全意为企业服务，才能成为优秀的国有企业企业家，同时激发企业家精神。虽然国有企业的企业家精神和民营企业的企业家精神对某些具体内涵的强调程度可能有所不同，但相关研究在企业家精神维度划分过程中并未对二者进行区分。基于此，本节将企业家精神看作一个统一概念，系统整理了国内外学者和企业家对企业家精神内涵的相关论述。

二、企业家精神内涵

目前，一些专家学者已经认识到企业家精神在推进供给侧结构性改革、激发市场活力、建设创新型国家、促进经济增长和实现经济可持续发展等方面具有重要意义。

（一）国外研究

国内外许多学者对企业家精神的内涵进行了研究和探讨。其中，希伯特和林克（Hebert&Link）将国外早期文献中对企业家精神的论述归纳为 3 个学派：一是德国学派，认为企业家精神的核心要素是开拓和创造新事物的精神；二是芝加哥学派，认为企业家精神的核心是在不确定的环境中敢于承担风险；三是奥地利学派，提出对市场机会敏锐的感知能力是企业家精神最重要的要素。此外，现代管理之父德鲁克（Drucker）提出，企业家精神与创新紧密相关，企业家在创新过程中创造新服务、新产品以及获得新能力。

（二）国内研究

国内对企业家精神的研究晚于西方，但是随着时代环境的动态演进，企业家精神不断被赋予新的细分含义，总体来讲，具有比较丰富的内涵。林左鸣基于中国传统文化提出企业家精神的内涵包括开拓创新、诚信守约、敬业奉献等7种精神特质。在经济环境和时代的发展过程中，有些内涵相对稳定，始终适用，如冒险精神、创新精神、学习精神和创业精神。除了以上4种内涵，其他内涵则在中国情境下随着时代发展逐渐出现。

2016年，李克强同志在十二届人大第四次会议《政府工作报告》中第一次提出"工匠精神"，此后，许多学者陆续将工匠精神作为企业家精神内涵之一。工匠精神是促进企业家带领企业快速发展的动力，是企业家精神新的时代内涵中的核心要素，不仅涵盖了传统经济时代的爱岗奉献、追求卓越、执着敬业的精神，还包含数字经济时代的探索突破、协同合作和创新精神。《意见》中给出了新时代企业家精神应该具备的内涵，涵盖了创新、爱国、担当、诚信等9项。此后，学术界对新时代企业家精神内涵展开了研究，研究结果大多呼应了《意见》对企业家精神的界定，如创新精神、责任担当精神、诚信精神、爱国精神和奉献精神。李兰等通过对企业家群体进行问卷调查发现，诚实守信的契约精神、敢于担当的责任意识、创造新事物的创新能力、爱岗奉献的敬业精神以及不断进取的学习精神是当前企业家精神的新特点、新内涵。除了政府报告、文件和学术研究提到上述内涵外，实践中的企业家也提出了一些观点，进一步丰富了新时代企业家精神的内涵。例如，王梓木强调了社会企业家的概念，认为新时代企业家精神的核心是实现社会价值。丁立国提出企业家精神包含家国情怀、勇于创新、诚信守法、承担社会责任和拓展国际视野。

三、新时代背景下企业家精神的内涵

通过梳理相关研究可以发现，我国企业家精神的研究从最初的学习西方理论，逐渐转化为将西方理论与中国情境相结合，随着时代变化，企业家精神内涵不断得到延伸。但是由于社会文化背景、时代背景和分析视角等方面存在差异，学术界对企业家精神内涵的界定迄今未能达成一致，且缺乏基于动态演进、把握中国情境、融合国际经典内涵且兼顾政企学视角的企业家精神研究。本节认为创新精神、创业精神、学习精神和冒险精神作为稳定要素，始终存在于企业家精神的内涵中，而后来在中国情境下随着时代发展逐渐出现的工匠精神、责任担当精神、遵诚守信、敬业奉献以及爱国精神也都是新时代企业家精神的应有之义。

考虑到上述内涵之间存在的包含与被包含关系，本节最终总结了新时代企业家精神的 7 个内涵，包括经典内涵中的创新精神、创业精神、学习精神以及时代内涵中的工匠精神、诚信精神、合作精神和责任担当精神。具体来说，创新精神指企业家在经营过程中能够积极发现新领域、创造新技术、生产新产品或创新生产方式、经营方式；创业精神包含对市场新机会的敏感性和承担风险的精神；学习精神强调快速学习新知识的意识和能力；工匠精神则包含精益求精和爱岗敬业的精神内涵；诚信精神是企业家进行商业合作的立足根本，具体指诚信的处事原则和尊重契约的精神；合作精神指在市场竞争中与相关主体（包括雇员、消费者、企业、研发机构等）进行合作的能力；责任担当精神则在社会和国家两个层面分别包含了承担社会责任、追求社会价值、奉献精神以及爱国精神和民族精神。

第五章　高校开设劳动教育课程的基本要求

奋斗的青春最美丽！劳动是推动人类社会发展的根本力量，也是通向伟大梦想的阶梯。劳动创造物质财富，劳动磨炼品质，更凝聚宝贵的精神财富。知行合一，立德树人，劳动是最好的教育途径。劳动不能仅仅喊口号，要靠实干出真知。大学生劳动教育必须要和社会实践结合，同时也要校内各职能部门密切配合，同频共振，统筹布局，分步实施，形成一个行之有效的育人机制。本章从实际运行入手，为大学生劳动教育提供可行的方案。

第一节　高校劳动教育课程的组织机构及工作职责

一、高校校级组织机构及工作职责

大学生基础劳动教育课既是一门思想品德教育和文明校园的创建课程，又是一门改变师生行为习惯、使其学会做人做事的实践课程。要教育实践好这门课程，一定要有较强的策划力、组织力、执行力，才能达到劳动教育课的效果。否则，就可能变成一盘散沙，成为一门自由"放羊式"、没有任何教育效果的课程。

为了有序和规范地实施劳动教育课，高校可成立劳动教育课教学委员会和教研室等机构，主要负责劳动教育课程的策划、指导、组织、实施、检查和管理等教学教务工作。

（一）劳动教育课教学委员会及工作职责

高校劳动教育课教学委员会设组长 1 名，一般由学校负责思想政治工作的党委书记担任；设副组长 2 名，一般由分管教学工作和分管学生工作的副校长（副书记）担任；设成员若干名，一般由教务处、学生工作处、后勤处、督察室和各二级学院的主要负责人组成。

劳动教育课教学委员会的主要职责如下。

（1）根据本校实际，建立和完善劳动教育课各项规章制度。

（2）负责研讨劳动教育课有关教育教学重要政策规定。

（3）加强劳动教育课的思想政治工作，进一步明确实施劳动教育课的目的，端正劳动态度，教育广大学生积极参加劳动。

（4）及时解决劳动教育课学生反映的重要问题，督促劳动教育课取得最佳效果。

（5）努力探索、改革高校劳动教育课实施和管理模式，不断丰富劳动课内容，创新教育教学形式。

（二）劳动教育课教研室及其工作职责

高校劳动教育课，是一门新增加的思想教育必修课，按照教学要求，应成立课程教研室，主要负责全校各专业劳动教育课程教学计划的编制、组织实施、教研活动和日常管理等工作。

劳动教育课教研室接受教学委员会的直接领导，接受教务处的业务指导和督察管理工作。教研室应设主任 1 名，一般由学生工作部（处）长或后勤处处长担任；成员若干名，一般由各二级学院分管学生工作的副书记（或副院长）和学生教育科长或副科长组成，各二级学院具体组织实施劳动教育课的辅导员、班主任等参加。

劳动教育课教研室的主要职责如下。

（1）负责制定劳动教育课的教学计划、组织实施、检查考评、成绩录入、学分管理和奖惩等规章制度。

（2）加强劳动课的普遍教育，明确劳动目的，端正劳动态度，充分调动广大学生参加劳动的积极性。尤其要做好少数学生耐心细致的思想政治教育工作。

（3）具体负责劳动教育课的计划组织、理论教学、技能培训、实践指导、考勤管理、检查督促、讲评反馈、问题整改和资料整理等工作。

（4）认真了解和掌握劳动教育课实施过程中反映出来的问题，做好家校联系沟通，及时解决问题。

（5）按照教务处的安排，结合劳动教育课存在的问题，开展教育教学经验交流、集体备课和研讨活动。

（6）不断探索创新大学生劳动教育课的方法和形式，丰富劳动课程内容等。

二、机关职能部门工作职责

劳动教育课作为一门思想政治教育必修课，按照教学规定和组织实施劳动教育课的实际，以下职能部门具有分工负责的工作职责。

（一）教务部门工作职责

（1）负责指导协调各二级学院按照新时代党和国家的教育方针和培养目标，即"培养德、智、体、美、劳全面发展的社会主义劳动者和接班人"，修订各专业人才培养方案，审核批准专业人才培养方案。

（2）负责指导劳动教育课教研室，根据学校教学规定和劳动课的计划安排，组织劳动教育课程日常教学管理工作，规范课程教学流程、检查督促教学与实践效果，及时整改存在的问题。

（3）负责每学期期初、期中、期末三次大检查，不断规范课程体系制度，完善课程教学存档资料，提高课程教育教学质量，努力使劳动课教育教学更加制度化、规范化。

（4）负责劳动教育课学生个人课程成绩、学分管理，指导课程补考、重修等工作。

（5）负责指导劳动教育课教研室做好劳动教育课程的教学改革，不断探索创新劳动教育课的教学和实践内容、形式和方法。

（二）学工部门工作职责

1.指导劳动教育课教研活动

根据教务部门有关课程教学规定和劳动教育课的实际，不断修订和完善符合劳动教育课实际的课程体系，科学制订学年度劳动教育课教学实践计划，并指导实施，健全劳动教育课规章制度，使劳动教育课更加制度化、规范化。

2.加强劳动教育课宣传教育

加强对广大学生劳动教育课的宣传教育工作，组织实施新时代党和国家教育方针的教育，充分认识高校开设劳动教育课的重要性和必要性，明确课程建设目的，端正劳动态度，努力营造劳动教育课的教育宣传氛围。

3.协调院（系）课程安排、具体实施

负责指导协调院（系）做好劳动教育课的组织实施、检查督促、问题整改等工作，主动协调各职能部门劳动教育课教育教学，特别是实践课有关工作，及时协助解决劳动教育课的有关问题。

4.指导院（系）和辅导员工作

及时了解掌握学生对劳动教育课的思想反馈，树立和宣传吃苦耐劳表现突出的典型，耐心细致地做好个别学生的思想政治教育工作，广泛调动大家参与劳动教育课的积极性、主动性。

5.指导资料归档工作

指导劳动教育课教研室按照课程建设的要求，收集、整理、归档，规范地做好劳动教育课的存档资料。做好每学年教育教学工作总结，开展好各项教研活动。

6.组织做好劳动教育课程的探索与创新

在开展组织实施劳动教育课过程中，应及时收集劳动教育课程教学过程中的新情况和出现的新问题，及时组织分析研讨对策，不断探索新时代大学生基础劳动教育课的新形式、丰富教学新内容、力争取得新成果。

（三）后勤部门工作职责

1.提出符合实际的劳动标准

后勤部门作为文明校园创建的重要职能部门，应根据校园文明卫生、环境绿化等要求和广大学生的实际，提出校园基础劳动的有关标准。如教室、实验实训室、大厅、走廊、厕所等室内的地面、墙面、桌面、门窗面、玻璃面和天花板的清扫干净的标准，提出广场、道路、运动场、篮球场、人行道、绿化带（地）等室外清扫、清捡干净的标准，使学校劳动教育课的组织实施者对照标准提出要求，更加有的放矢。

2.组织劳动技能和方法培训

后勤总务部门应定期组织学生骨干进行劳动技能和方法培训，进行正确的劳动姿势培训，掌握好各种劳动工具的使用方法，学会爱护劳动工具。熟练掌握劳动技能和劳动工具，如现代智能劳动工具的使用方法和技能，从而极大地提高劳动教育课的质量和效果。

3.协助做好劳动课日常检查

后勤总务部门和学校督察部门共同履行劳动教育课日常实施情况的检查指导工作，及时巡查发现校园各区域劳动教育课存在的各种问题，及时提出整改意见，协助抓紧抓好整改落实工作，提升劳动教育课的日常教学工作质量。

4.参与统一组织的劳动督察

一般情况下，学校每周要组织一次全面的、彻底的劳动教育课检查，按照统一组织和分工负责相结合的检查方式，认真详细检查，发现问题及时汇报并提出整改意见，落实好检查责任。

5. 做好劳动教育课工具保障

根据劳动教育课参加学生人数所需要劳动工具以及劳动工具正常损耗等情况，及时按程序申请、审批、购买和补充，切实保障好劳动教育课所需要的劳动工具。

三、二级学院工作职责

高校的院（系）是大学生劳动教育课程的直接领导和组织者，负有重要的课程教育教学和实践责任。高校教师和辅导员是大学生思想政治工作教育管理和组织者，对大学生基础劳动教育课程负有直接和具体组织落实的责任。

（一）院（系）职责

1. 纳入人才培养方案

根据学校劳动教育课教学委员会和教务处有关课程教育教学要求，将劳动教育纳入重要的议事日程，制（修）订各专业人才培养方案，报教务处审批执行。

2. 制定规章制度

制定劳动教育课教育教学有关规定制度和教学计划，完善人才培养方案和教学计划的具体规定与措施，认真落实劳动教育课的教学制度、计划和奖惩规定。

3. 明确领导分工

明确院（系）领导对劳动课教育教学的组织实施和分工负责，加强各班级劳动课的督促检查，及时发现整改问题，不断提高劳动教育课的教学实践效果和质量。

4. 做好宣传工作

要做好劳动教育课的普遍宣传教育，按照课程要求上好劳动教育理论课，增强劳动意识，端正劳动态度，重视发现劳动实践过程中的好人好事，做好学生的思想宣传教育工作。

5. 完善课程档案资料

按照课程教学管理规定，及时收集劳动教育课的各种教学资料，做好考勤和教学登记，规范整理，完善归档。及时录入学生的课程成绩，做好补考重修工作。

6. 做好课程改革创新

不断进行劳动教育课的理论教学与实践改革，不断探索新时代在高等院校开设劳动教育课程的途径与方法，尤其是与专业建设相结合的劳动教育，不断增强劳动教育教学的教育效果，努力实现人才培养目标。

（二）教师或辅导员职责

1. 制订详细计划并分工负责

根据学校教务部门和学工部门关于开展大学生基础劳动教育课程的要求，对照各自参加劳动教育课的班级及人数，制订详细的劳动课计划，分成区域劳动小组，指定小组长，做好分工负责。组织班委会议和班会，明确有关规定，提出落实好劳动教育课的具体措施和要求。

2. 重视教育，统一思想

教师或辅导员根据学工部门和劳动教育课教研室的布置和要求，组织好4课时的劳动教育理论课的备课，充分准备，编写好教案并认真组织教学，做好劳动教育理论课教学登记、考勤登记、过程登记、效果评价登记，形成完整的理论教学资料。

3. 遵守制度，落实规定

负责劳动教育课组织实施的辅导员，应坚持劳动教育课课程标准和制度，做好每天早上集合考勤登记和管理工作，做好每天劳动实践课结束后的小结评讲，加强对劳动课实践过程中问题的自查整改工作，重视对劳动教育课实践过程中的好人好事的宣传和氛围营造工作，做好劳动课教育教学总结。

4. 交流经验，树立典型

教师或辅导员在劳动教育实践中，注重收集在劳动中不怕苦、不怕累、不怕脏、吃苦耐劳的典型事例，组织撰写心得体会和交流经验。注意利用实践过程，对典型学生给予评先评优，培养入党积极分子和发展党员。

5.耐心细致，做好工作

加强思想教育工作，对少数认识不到位、态度不端正、出工不出力，甚至出现找借口请假躲避劳动等行为的学生，要及时沟通，做好耐心细致的思想教育工作。对个别我行我素、屡教不改、无特殊原因不参加劳动的问题学生，除给予补考、重修外，还应严肃批评、教育，情节严重的要给予纪律处分。

6.加强自查，提高效率

校园劳动，由于点多、面广、线长，应科学组织，合理分配和分工。要组建一支5～8人的督察小组，由辅导员担任组长，全体成员均熟悉校园环境和有较强管理能力，通过在劳动中反复巡查，发现问题当场整改，从而提高劳动课的质量和效率。

7.收整资料，分类存档

教师或辅导员要根据学校有关课程教学管理规定和要求，认真完整地收集课程计划备课教案、成绩登录和分析表、考勤表及课程教学实践总结等，填写整理好教学情况登记表，由教研室存档保管。

第二节 基础劳动教育课程的基本要求和课程内容

一、劳动教育课程概述

（一）课程性质

劳动教育是国民教育体系的重要内容，是学生成长的必要途径，具有树德、增智、强体、育美的综合育人价值。实施劳动教育的重点是在系统的文化知识学习之外，有目的、有计划地组织学生参加日常生活劳动、生产劳动和服务性劳动，让学生动手实践、出力流汗，接受锻炼、磨炼意志，培养学生正确的劳动价值观和良好的劳动品质。

（二）课程目标

通过劳动教育，使学生能够理解和形成马克思主义劳动观，牢固树立劳动最光荣、劳动最崇高、劳动最伟大、劳动最美丽的观念；体会劳动创造美好生活，认识到劳动不分贵贱，热爱劳动，尊重普通劳动者，培养勤俭、奋斗、创新、奉献的劳动精神；具备满足生存发展需要的基本劳动能力，形成良好的劳动习惯。

（三）课程学时

普通高等学校要明确劳动教育主要依托课程，其中本科阶段不少于 32 学时。除劳动教育必修课程外，其他课程应结合学科、专业特点，有机融入劳动教育内容。每学年要设立劳动周，可在学年内或寒暑假期间自主安排，以集体劳动为主。也可安排劳动月，集中落实各学年劳动周要求。

根据需要编写劳动实践指导手册，明确教学目标、活动设计、工具使用、考核评价、安全保护等劳动教育要求。

（四）课程学分

劳动教育课总课时计 2 学分。学生个人修满课时、达到理论考试和实践考核标准，并且劳动态度端正、遵守劳动纪律、劳动效果明显，结合个人平时行为习惯评定课程成绩，60 分及以上为及格，未达到 60 分者应重新修读，学生所获学分、成绩记入个人档案。

（五）内容要求

根据课程教育目标，以日常生活劳动、生产劳动和服务性劳动为主要内容开展劳动教育。结合产业新业态、劳动新形态，注重选择新型服务性的劳动内容。

高等院校要注重围绕创新创业，结合学科和专业积极开展实习实训、专业服务、社会实践、勤工助学等，重视新知识、新技术、新工艺、新方法应用，创造性地解决实际问题，使学生增强诚实劳动意识，积累职业经验，提升就业创业能力，树立正确择业观，培养到艰苦地区和行业工作的奋斗精神，懂得空谈误国、实干兴邦的深刻道理。注重培育学生的公共服务意识，使学生具有面对重大疫情、灾害等危机事件时有主动作为的奉献精神。

二、劳动理论教学内容和基本要求

（一）开设劳动教育课的意义

劳动和劳动教育之于当代大学生教育具有重要的意义和价值。劳动教育可以增智、树德、强体、育美。劳动教育既是教育问题，更是关乎培养和造就担当民族复兴大任的时代新人的政治问题。实施劳动教育必须把握育人导向、遵循教育规律、体现时代特征、强化综合实施、坚持因地制宜，实现劳育与智育、德育、体育、美育完美融合，构建具有新时代中国特色的高水平人才培养体系。

劳动教育是中国特色社会主义教育制度的重要内容，直接决定社会主义建设者和接班人的劳动精神风貌、劳动价值取向和劳动技能水平，同时又是教育发展的内在需求，是社会主义教育的重要特色和优势。长期以来，各地区和学校坚持教育与生产劳动相结合，在实践育人方面取得了一定成效。同时也要看到，近年来在一些青少年中出现了不珍惜劳动成果、不想劳动、不会劳动的现象，劳动的独特育人价值在一定程度上被忽视了，劳动教育正被淡化、弱化。因此，全党全社会都必须高度重视，采取有效措施切实加强劳动教育。劳动教育既能引导学生热爱和尊重劳动，弘扬劳动精神，又是开展教育工作的重要保障和必然选择。具体表现在以下方面。

1. 劳动教育是遵循马克思主义教育思想的必然要求

对照人类社会的发展史，无论人类解放、自身发展，还是获得财富都离不开劳动，幸福也需要通过劳动去创造。马克思提出了生产劳动与教育相结合的劳动教育思想，并确定其为办好社会主义教育的重要原则；不同于普通的教育思想，他从唯物主义角度阐述了系统全面的劳动教育思想，把劳动教育提升到普遍规律的高度之上，强调人的解放需要开展劳动教育，从根本上明确教育应当"为人、对人、靠人"。总结而言，劳动有助于人们获得生产生活经验和增强个人奋斗的主动性。

2. 劳动教育是立德树人的重要途径

立德树人既是教育的根本任务，也是检验教育成效的根本标准。立德树人的目的在于培养"德、智、体、美、劳"全面发展、合格的社会主义建设者和可靠的接班人，劳动教育则是实现立德树人目标的一个重要过程和重要方面。首先，劳动教育丰富了教育工作的内涵，促使学生端正劳动态度并树立正确的劳动观念，能够培养学生对于劳动和劳动人民的思想感情，逐步养成热爱劳动、善于劳动以及勤于劳动的素质。其次，劳动教育和道德教育紧密联系，劳动教育也是加强德育的过程。因此，道德教育与劳动教育相结合也是德育的一种方法。国家历来注重劳动教育的重要作用和实际意义，将劳动视为形成良好道德品质的重要途径，"德之根在心，人之本在劳"，二者结合就是立德树人的根本。

3. 劳动教育的实际作用和现实需要

马克思高度肯定了劳动对于创造人和创造历史的重要意义。因此，劳动教育是劳动和教育的有效结合，一方面发挥了劳动的实践效用，通过利用和总结实践经验实现了理论和实践相结合、知行合一，人们得以在实践中学习、在学习中实践；另一方面发挥了教育的效用，增进了学生对于劳动生产知识和技术的认识与理解，提高了学生的劳动实践能力以及分析和解决问题的水平。因此，劳动教育与德育、智育、体育、美育密不可分，有助于完善教育工作，培养"德、智、体、美、劳"全面发展的人才。"以劳动托起中国梦"[①]是习近平对历史和现实的清晰判断，只有加强劳动教育，才能培养出一大批勤于劳动和善于劳动的人才，才能符合新时代教育发展的根本要求，也是实现个人梦想和国家梦想的一个重要选择。

在现实生活中，由于社会物质生活的丰富和传统的家庭教育的方法失之偏颇，孩子应该做的事情都由家长包办了，致使一些孩子在家对力所能及的事情都不肯去做或都没有做过，过着衣来伸手、饭来张口的"小祖宗"生活。部分大学

---

① 习近平. 以劳动托起中国梦 [J]. 中国农村教育 ,2015,(第 10 期) : 1.

生连起码的洗衣、扫地、整理物品、料理个人日常生活的小事都做不来或不会做。贯彻落实党的教育方针，把"劳"作为培养目标之一，是当前社会现实的需要，更是年青一代实现中华民族伟大复兴"中国梦"的需要。

（二）劳动观、奋斗观、幸福观主题教育

1. 劳动的价值

劳动观是人们对劳动的根本看法和态度，是人们世界观和人生观的重要组成部分。劳动是创造物质世界和人类历史的根本动力，劳动、劳动者神圣光荣；劳动是一切社会财富的源泉，按劳分配是合乎正义的分配原则，不劳而获、少劳多得可耻不义；劳动具有教育性价值，教育与生产劳动相结合，体现出了社会主义教育的本质。只有热爱劳动、积极参加劳动，才能实现个人的健康成长；不爱劳动、不愿劳动，过寄生虫生活，会阻碍个人的全面发展，实现不了人生价值。

2. 用劳动奋斗出幸福新时代

劳动是推动人类社会发展的根本力量，也是通向伟大梦想的进步阶梯。幸福是奋斗出来的，世界上没有坐享其成的好事，天上不会掉馅饼，努力奋斗才能梦想成真。对家庭而言，没有劳动就没有物质财富的积累，就没有生活条件的改善；对个人来说，劳动不仅筑牢了成功的坚实底座，也凝结成宝贵的精神财富。新时代的劳动者，只要肯学、肯干、肯钻研，练就一身真本领，掌握一手好技术，就能找到人生出彩的舞台，在劳动中发现广阔的天地，在劳动中体现价值、展现风采、感受快乐。

（三）理论教学的基本要求

1. 明确目的

应明确劳动教育的教学目的，通过理论教学提高学生对劳动教育课的认识，增强劳动意识，掌握基本的劳动知识，明确劳动教育的目的意义、劳动教育的组织形式和方法等。

2.充分准备

劳动教育理论教学中老师要提前做好调查研究，收集有关资料，结合学生缺乏的和实际需要的认真准备教案，做好教学课件，使用多媒体教学，提高课堂教学效果。

3.讲究方法

重视劳动教育课程教学改革，应采取研究讨论式、启发互动式教学，必要时可以把课堂搬到现场去，贴近实际进行理论教学，增强课堂互动性，活跃课堂气氛。

（四）理论教学的基本内容

组织开展国家相关法律、劳动知识、劳动安全、劳动纪律等方面的教育，学习劳动模范人物的先进事迹，讲解学期劳动计划与安排等内容。通过组织动员教育，树立劳动最光荣、劳动最崇高、劳动最伟大、劳动最美丽的劳动观念，引导学生热爱劳动、尊重劳动、珍惜劳动成果，自觉遵守劳动安全法规。

三、劳动实践教育课程的内容与要求

高校劳动教育课程应以劳动品德教育为基础，涵盖劳动概论、劳动方法、社会分工、劳动合作等内容。要注重系统化，在劳动教育必修课的基础上将劳动教育渗透到专业教育、思想政治理论课、大学生就业辅导课程、社会实践教育和校园文化建设中，从道德、法律、就业等多方面全方位开展新时代大学生劳动教育。

（一）校内劳动实践教育课程的内容与要求

1.校内劳动实践教育课程内容

高校要组织开展丰富多彩的校内劳动。丰富多彩的校内劳动是激发学生劳动兴趣和热情的有效方式，是对劳动教育必修课的重要补充和延展。相对于劳动理论教育而言，校内活动具有良好的参与性和体验性，能够促进学生将劳动知识和劳动实践相结合，学以致用、知行合一。在学校日常教育教学中，劳动教育要与学生的校园活动紧密结合起来。比如，积极组织开展劳动技能及劳动知识竞赛，使学生自觉积累劳动知识，引领学生将劳动理论知识灵活运用于校园劳动。结合劳动教育的目标及办学条件，组织开展"大学生劳动周"等活动，壮大学校劳动教育型社团，探索建立微型"校园农场"，以年级、班级为单位，采取学生轮值轮岗种植栽培农作物、绿植花卉等方式，增强学生的劳动责任意识。同时可以开办以室内设计、勤工俭学、废物再造、器材维修等内容的兴趣小组，增强学生的自主劳动意识和能力。另外，也可以由班主任、辅导员或学生干事指导学生结合校园生活和社会服务组织开展劳动实践，如校园环境卫生清洁、学雷锋活动、校内公益劳动、服务校级或学院（部）级大型活动（迎接新生活动、校园招聘会、校内学术会议、校内展览会、运动会、公共设施维护、校内防台风及台风后救灾等）。

2. 校内劳动的主要区域

在高校校园内，总体来说有以下主要区域，而这些区域内的清扫卫生、整理物品、优化环境等工作，一般可以安排在学生的基础劳动教育与实践课、师生的义务劳动、校园文明创建或者志愿者活动中完成。

（1）教学楼。主要包括楼内各教室和走廊、楼梯、露台、休闲场所、公共卫生间及周边等区域。

（2）实训楼。主要包括楼内各实验实训室、走廊、楼梯、露台、休闲场所、公共卫生间及周边等区域。

（3）活动中心和图书馆。主要包括活动中心和图书馆的活动室、藏书室、阅览室、走廊、礼堂、露台、报告厅、休闲场所、公共卫生间、各类办公室、资料室及周边等区域。

（4）师生公寓。主要包括公寓各楼内走廊、楼梯、露台、值班室、休闲场所、庭院内及周边等区域。

（5）道路、广场。主要包括校内各机动车主、次干道以及人行道和小道等。广场主要有集会广场、休闲广场、运动场、停车场、各种球类场馆等区域。

（6）食堂、车库。主要包括校园内所有食堂和餐厅，地下人防设施和地下停车库及周边等区域。

（7）校内绿化地、生态园等。主要包括校园内各区域的绿化地、绿化林、校园湖（池）、果树园、生态园及校园周边等绿化区域。

（8）校园其他有关区域等。

3. 校内劳动要达到的环境卫生标准

（1）室内区域。保持过道、台阶、地面等干净、无积水、无烟头、无各种垃圾；桌面、墙面、天花板、窗户、玻璃和门面保持清洁卫生，无乱张贴张挂，无灰尘和蜘蛛网等。

（2）室外区域。无树叶、烟头等垃圾和杂物堆积，保持室外公共卫生环境干净、整洁。

（二）校外劳动实践教育课程的内容与要求

高校要创新校外劳动实践教育，社会是劳动教育的重要主体，社会教育包含着丰富的劳动教育资源，是多元主体协同参与、动态创新的劳动教育组织形式。校外劳动教育要重点开发社会劳动实践教育资源，开辟校外劳动实践教育基地。要结合学生不同阶段的学习需求和成长需求，科学设计和规划校外劳动实践教育方案，采取大学生社会公益服务劳动、研学旅行、顶岗实习等方式，引导学生在多产业融合进程中积极学工学农，在农业生产、工业制造、基层服务等社会生产环节增长劳动技能、磨炼劳动本领与意志。也可用智力帮助校外企事业单位、机关团体、社区等完成产生价值的活动或项目，如分析、统计、调研、设计、决策、组织、运筹等。

此外，学校要重视布置和设计校外劳动作业，采取日常打卡、家长反馈及学生自评、校评的方式，鼓励学生在课余时间主动承担起家庭劳动责任和义务。大学校外劳动任务要对大学生承担家庭经济责任提供有效建议，使劳动教育与学生的生存和发展能力培养结合起来。

（三）劳动实践课安全注意事项

（1）负责打扫学校大门口的学生，在打扫时应小心过往车辆，注意及时躲避。

（2）负责打扫楼前楼后的学生应小心楼上的同学往下丢东西，防止被砸伤。

（3）负责打扫各专用教室、实验实训室的学生，别乱动不认识的东西，防止出现一些不必要的损伤。

（4）负责擦门的学生应注意把门上锁，防止在门后打扫时，有人突然推门造成受伤。

（5）负责擦玻璃的学生应该注意防止从窗台上摔下来。

（6）负责擦灯管、电扇、挂画的同学除注意摔伤外，还要小心触电，开灯时绝不能擦灯管。

（7）负责打扫台阶的学生防止踩空、摔伤。

（8）负责清理垃圾道的同学应注意垃圾道里的一些碎玻璃、石头等，防止对自己造成伤害。

（9）打扫中杜绝玩耍打闹，防止误碰其他同学，致使自己和他人受伤。

（10）打扫中应留意他人，以免对他人造成伤害。清理垃圾道的同学使用铁锹时，注意别误碰伤他人，负责打扫楼上的同学忌高空抛物。

（四）对劳动实践教育课程管理者的要求

（1）学校应成立劳动教育课程领导小组，主要负责专业人才培养方案的修订，决定劳动教育课程有关教育教学、组织实施、检查考评、成绩管理、学分登录和奖惩等规章制度，督促劳动教育课程取得良好的教学效果。

（2）劳动课教研室主要负责专业人才培养方案的完善，负责劳动教育课的教学与管理实施、劳动教育课情况考核汇总、学生个人成绩评定与录入、根据学生劳动教育课成绩情况确定补考、重修和是否发放毕业证书等工作。

（3）二级学院应成立以院长助理为组长和有关辅导员、教学秘书等为成员的劳动教育课实施工作小组，各班级应成立以班长、团支部书记为负责人的劳动教育课程组织管理和考评小组，根据校园劳动区域范围，划分成若干个劳动小组和一个考评小组，把班级学生劳动教育课落到实处。

（五）对学生的要求

参与劳动课的学生要认真上好劳动理论课，参加有关培训，掌握必要的劳动知识和技能以及有关安全注意事项；熟悉劳动的项目、范围、劳动标准和目标要求；劳动过程中，劳动态度要端正，不怕苦，不怕累，按时上下岗，不得迟到、早退、串岗和旷工；服从安排，听从指挥，积极主动完成工作，不消极怠工，完成规定的课时和学分；在劳动期间，要爱惜劳动工具和学校设施。

总之，学校劳动实践教育是一项系统工程，学校要高度重视劳动实践教育课程体系建设，使学生的奋斗热情在劳动与创新中迸发，为时代进步积蓄青春力量。

四、高校基础劳动教育的发展趋势

中国特色社会主义已经进入新时代，将赋予劳动教育新内涵，劳动工具也会与时俱进地得到发展，人工智能等高科技将得到应用。新时代高校应大力弘扬劳动精神，教育引导学生崇尚劳动、尊重劳动，懂得劳动最光荣、劳动最崇高、劳动最伟大、劳动最美丽的道理，长大后能够辛勤劳动、诚实劳动、创造性劳动。高校应努力构建德智体美劳全面发展的教育体系，形成高水平人才培养体系。

（一）新时代赋予劳动教育新内涵

新时代劳动教育的内涵总体来讲可以将其概括为以下五个方面。

（1）在地位上，劳动教育应该是人才培养体系的重要组成部分。

（2）在内容上，新时代的劳动教育有新的拓展：劳动的内容越来越丰富，形式越来越富于变化；劳动者的流动性越来越强，总体上劳动在朝着"劳动者体力支出越来越少，智力支出越来越多"的方向发展；劳动主体的作用越来越突出，人才的重要性越来越明显；劳动作为谋生手段的同时，也出现了"乐生性"的特点——劳动发展成为一种愉快幸福的劳动，而不再都是痛苦的、消耗体力的劳动。

（3）在形态上，劳动教育是劳动的思想教育、技能培育、实践锻炼，劳动首先要从思想上、观念上解决问题，再掌握技能，最后运用于实践，这样才能解决"不珍惜劳动成果、不会劳动、不爱劳动"等问题。

（4）在目标上，劳动教育以提高学生的劳动素养为重点。特别是在大学阶段，劳动教育不能让学生仅限于会做家务、会做一点农活，新时代的大学生需要培养全面的素养，即劳动价值观、劳动情感态度、劳动品德、劳动习惯、劳动知识与技能。

（5）在目的倾向上，新时代的劳动教育应该追求内在价值和外在价值的统一。过去的教育在培养人的过程中多强调成才，在强调如何做人方面显得不够。一个人在成才的同时也要学会做人，还要有内在的东西——"德"。新时代人的内在修养需要达到一定的标准，劳动会在过程中对人格产生塑造作用。

（二）基础劳动工具将智能化

随着科学技术和人工智能的发展，为了降低人工成本和提高劳动效率，未来基础劳动工具将出现更多智能型清洁设备和环卫设备，如电动扫地车、洗地机、电动尘推、高压清洗机、三轮冲洗车等。同时，劳动方式也会随之发生变化，传统的机械性劳动将被自动化机器、智能机器人取代。

1.电动扫地车

大学校园占地面积大、师生多，产生的垃圾也多；校园绿化好，树木秋冬季节或者树叶更换新叶的时候常常有很多树叶枯枝掉落，这个时候就需要扫地车进行清扫，依靠人工清扫费时费力。电动扫地车非常契合环保理念，是一种必不可少的清洁工具。

2.洗地机、电动尘推车

学校食堂、体育馆等室内地面的清洁比对室外更加严格，可以使用洗地机、电动尘推车进行作业，让地面一尘不染。

3.高压清洗机、三轮冲洗车

高压清洗机是一款非常高效的清洁工具，其利用水射流技术能够将一些难以清理的污渍轻松地去除。三轮冲洗车是在高压清洗机的原理上改造升级而成的，其变成了一款行走的高压冲洗车，作业范围扩大，应用范围延伸，在校园中多用于路面的冲洗。

（三）新时代高校劳动教育的实施路径

劳动教育是中国特色社会主义教育体系的重要组成部分，是实现立德树人根本任务的根本要求，关键在于把握规律、体现时代性、富于创造性，科学谋划、优化协调、扎实推进。因此，在中国特色社会主义新时代，加强大学生劳动教育，必须把握育人导向，坚持党的领导、围绕培养担当民族复兴大任的时代新人的目标进行劳动教育；必须遵循规律，针对各年龄段学生特点，以体力劳动为主进行劳动教育；必须体现时代特征，适应科技发展和产业变革，针对劳动新形态，注重新兴科技支撑和社会服务新变化进行劳动教育；必须强化综合实施，加强政府统筹、拓展劳动教育途径，整合各方面资源进行劳动教育；必须因地制宜，结合自然、经济、文化等条件进行劳动教育。

1.推进劳动教育与思想政治教育相结合

在"三全育人"中实现劳动教育与思想政治教育相协调、相衔接、相一致，特别要用好思想政治理论课教学这个主渠道、主阵地，让马克思主义劳动观，特别是习近平新时代中国特色社会主义劳动思想进课堂、进头脑、进心灵，通过铸魂而育人；在课堂教学中，注意讲劳模、劳模讲，即思想政治理论课教师要在学理层面深度研究和阐释新时代劳模精神，同时可聘请全国著名劳动模范进课堂讲劳动、劳动模范和劳模精神，让受教育者走近劳动、劳模和劳模精神，从而对劳动、劳模、劳模精神产生敬仰之情。

2.推进劳动教育与专业教育相结合

严格地讲，劳动教育与专业教育在过程和目标上是具有内在统一性的。要在专业课程中自觉强化劳动导向、自觉融入劳动要素，构建具有本专业特色的劳动教育价值体系。同时，注意加强专业教育中劳动知识的传授和劳动技能训练，培养劳动精神、劳模精神、工匠精神。

3. 推进劳动教育与实习培训教育相结合

在学校教育中，要注意统筹校内和校外、课堂和实践两种教学方式和教学环节，引导受教育者在实习、实训、考察、调研中，走进劳动生产一线，走进企业、社区、乡村，同广大普通劳动者交流、交心，加深与劳动人民之间的感情，增加劳动知识，提升劳动技能，养成劳动自觉，干一行、爱一行、钻一行，在平凡的劳动岗位上做出不平凡的事业，从而为走入社会做好职业（思想）准备。

4. 推进劳动教育与创业教育相结合

习近平总书记反复强调诚实劳动、创造性劳动，这既充分体现了新时代对劳动的新要求，也是劳动教育、劳动精神培养需要追求的重要目标。创业创新教育具有创新性、创造性、探索性，必须加强体制机制建设，完善"双创"教育体系，拓展"双创"教育空间，为大学生提供更加灵活地参与"双创"的机会和平台。

5. 推进劳动教育与志愿服务相结合

在社会实践和志愿服务中融入劳动教育，有助于形成良好的劳动习惯，感受劳动乐趣，享受劳动成果，这是劳动教育的最高境界。通过工学结合、勤工助学、劳动体验等途径，积极引导受教育者自觉自愿参与社会服务，培养劳动情怀、劳动意识和奉献精神。通过劳动教育，引导大学生崇尚劳动、尊重劳动，懂得"劳动最光荣、劳动最崇高、劳动最伟大、劳动最美丽"的深刻道理，长大后能够辛勤劳动、诚实劳动、创造性劳动。

在具体实施时可以简要概括为"1+8"模式。其中，"1"就是在大学里开一门必修课，即"劳动科学概论"或"劳动概论"，主要讲授包括劳动法律、劳动关系、劳动经济、劳动社会保障和劳动安全等相关内容。"8"就是与八个方面的结合，包括与思想政治教育、社会实践和志愿服务、创新创业、职业生涯与就业指导等方面的结合。其中，就业指导与校园文化其实有着密切关系，如果校园里出现崇尚劳动的气氛，那将是一种很好的劳动教育。劳动模范进校园，就是为了让劳动文化气息浓郁起来。

也可以把劳动教育的"1＋8"模式概括为"四位一体"，即课程劳育、思政劳育、专业劳育和实践劳育。课程劳育是专门开设一门关于劳动教育的课程；思政劳育就是把劳动教育融入思想政治教育中；专业劳育就是把劳动教育融入各门专业课中，例如新闻专业的学生接受新闻相关知识、学习操纵摄像机、了解如何编辑视频的过程，实际上就是接受劳动教育的过程；实践劳育是让学生在实践中推动劳动教育，高校鼓励学生到田间、地头、车间等去实地考察，劳育对学生的影响就会非常深刻。

第六章 学校劳动教育与实践

学校劳动主要涵盖了与校内劳动相关的生态文明、内务整理、值日保洁、学习整理等方面的重要技能，注重引导学生积极参加校内劳动实践，强调在亲身劳动经历中习得劳动知识、学会劳动技能、培育劳动情感、提升劳动素养，养成吃苦耐劳的品格。

第一节 劳动工具的功能与使用方法

一、大、小扫把

（一）大扫把

1.大扫把的制作原料

扫把是我们家家户户和保洁公司常用的一种保洁工具。制作大扫把的原材料有高粱穗、金丝草、扫帚草、竹梢等，在北方尤以前三种为常见；南方由于竹子多，则以第四种为常见，也就是常说的竹扫把。大竹扫把一般是以毛竹子捆扎而成的，高度约 1.5 米。

2.大扫把的功能

扫把是最常用的卫生清洁工具，其功能主要是清除灰尘、扫除垃圾。大扫把主要用于清扫广场、外围及大面积地方的垃圾，其特点是能快速清扫完垃圾，但其清扫的环境卫生质量不高，一般情况下只用于广场、道路、院落外围等的清扫，不能用于清扫砂浆水泥。

（二）小扫把

1.小扫把的制作原料

在北方，小扫把也称为笤帚，一般指用高粱头扎的较小的扫把，用来打扫屋子，现在塑料扫把已逐渐替代笤帚作为室内保洁工具广泛使用。塑料扫把使用寿命长，适合一切平滑地面。它的优点是不起尘、不挂毛、弹性好，造型美观大方，易清洗，耐磨性强。塑料扫把刷毛柔软，材质弹性好，使用塑料扫把时干净利落，不易对家具、电器等的表面造成损伤。

2.小扫把的功能

小扫把主要用于室内清扫，其特点是清扫后的环境卫生质量较高。

（三）扫把的使用方法

1.操作要领

（1）扫把的握法。用一只手的大拇指按在扫把扫杆的上端，并用其他四指握住扫杆；另一只手在下方30～40厘米处握住扫杆。这种握法既利于用力，又易于控制清扫方向。

（2）姿势。上身向前微倾，但不可太过弯曲，否则容易疲劳。行进时右手提扫帚，左手提簸箕，均与地面垂直，离地面约15厘米。

（3）扫法。扫把不离地面，扫动扫把时，手要用力往下压，既要把灰尘、垃圾扫干净，又要防止灰尘腾起。地面灰尘较多时，每扫一下应把扫把在地面蹾一蹾，以拍除沾在扫把上的灰尘及垃圾。每次清扫长度约50厘米，簸箕中的垃圾应及时倒掉。

（4）放置。要将扫把存放在工具间或工作区内直视不到的地方。

2.使用方法

（1）为了不踩踏垃圾，应不断向前方清扫。

（2）打扫时，可从狭窄处向宽广处清扫，从边角向中央清扫。

（3）清扫楼梯时，可站在下一级台阶清扫上方四周的垃圾、灰尘，集中到一处后扫入簸箕，要注意防止垃圾、灰尘从楼梯旁掉下去。

（4）若垃圾、灰尘较多，可随时将其扫入簸箕中，不要总是把垃圾、灰尘往前推。

（5）不宜在地面上留下扫把痕迹，特别是将垃圾扫入簸箕时，不宜留下未扫进去的垃圾和灰尘。

（6）扫把容易黏附棉状尘、头发等丝状物，应定期将其除去。

（7）保洁工作结束后，将扫把清理干净放回工具间。

3.楼梯的清扫

（1）应从楼梯扶手处向墙壁处打扫。

（2）上一梯级的垃圾、杂物应沿墙壁处扫向下一梯级，防止垃圾、杂物从上下夹层楼梯的缝隙间下落。

（3）每扫到一个楼梯平台，应将垃圾扫入簸箕内。

（4）清扫时应注意清除墙面与楼梯接合处易存留的垃圾。

（5）清扫大堂、通道等场所时，应从四边向中间清扫，每扫一边应将扫出的垃圾、灰尘等污垢及时扫入簸箕内，以免造成二次污染。

（6）要注意清扫墙角和地面摆放物的底部，勿留卫生死角。摆放物可移动的，应移开后进行清扫。

4.地面的各种凹凸槽、电梯门凹槽的清扫

（1）用扫把横峰从凹槽两死角处扫向中间。

（2）用扫把横峰清扫时，扫把横峰不能抬得太高，以免垃圾、灰尘扬起。

（3）将垃圾、灰尘扫出时，可用簸箕对准凹凸槽直接接住，但扫把不可扬得太高。

（4）清扫时，要稳、沉、重、慢，尽量不将灰尘扬起，更不使垃圾飞撒。将扫出的垃圾、灰尘、杂物扫成一堆，便于用簸箕将它们装载出去。

（5）清扫完毕，宜将扫帚放在簸箕中带回，不宜将扫帚悬空或拖在地面上带回，避免扫帚上留存的垃圾、灰尘再次污染环境。

二、拖把

（一）材料及功能

拖把由布条或棉纱安装在手柄下方制成，是用于室内地面清洗工作的保洁工具。

（二）拖拭方法

（1）干拖。主要用于擦亮地面或抹去地面上的水迹。

（2）半干拖。用半湿半干的拖把擦拭地面，用这种方法既可以除去地上的灰尘、污垢，又不会使地面留下水迹而失去光泽。

（3）水拖。将拖头浸湿后拖抹地面，主要用于清除地面上的泥和污垢。水拖是通过清洗将泥和污垢溶于水，然后再拖擦干净。水拖时应尽量将拖把拧干，水拖完成后地面不宜留有水迹。

（三）使用方法

（1）握法。与握扫把相同，即用一只手的大拇指握住拖把手柄顶端，另一只手在下方 30 ~ 40cm 处握住手柄。

（2）拖法。原则上应左右挥动，使擦痕呈横向一字形。在角落处可改变拖把的角度，保证擦拖到位。

（3）洗拖把。拖把下方的布条拖脏后应及时进行清洗。清洗时，将拖头全部放入桶中，上下抖动或左右来回转动，洗净后拧干布条上的水。

（4）拧干方法。稳固住拖把手柄，把拖头布条分成两半，先拧干一半，再拧干另一半。

（5）拖地前地面要用扫把先扫干净。可先拖擦角落，后拖擦中央。擦拖楼梯时，可站在下一台阶拖擦上面台阶四周的地面。拖擦平地时，应从里向外拖擦，尽量注意不要碰到墙壁。

（6）拖头的布条必须经常清洗，不要用脏拖头拖地。已经用旧的拖头容易脱落，要及时更换。

（7）在移动拖把时，不要把它扛在肩上或在地面上拖着行走，以免碰到他人或撞到墙壁、玻璃。

（8）暂不使用拖把时，应将其放在指定地点，不可随意放置，以免影响整体美观。

（9）保洁工作结束后，须将拖把清洗干净并理顺，将拖把吊起或倒立于架子上晾干备用，否则拖头的布条容易腐烂。

三、面板平拖把

（一）面板平拖把的使用方法

一般的地面卫生清洁有两个流程：先是使用扫帚和簸箕清扫地面残渣、砂子等颗粒状垃圾，再使用拖把来擦洗地板。

面板平拖把因其使用方便、清洁高效、便于清洗等优点，受到越来越多人的喜爱和使用。面板平拖把按装卸方式可分为粘扣式平拖把和口袋式平拖把；按面料材质可分为干拖平拖把和湿拖平拖把，不管何种款式的平拖把，使用方法都基本一致。面板平拖把多用于家庭、宾馆、办公室、医院的瓷砖、大理石、水磨石、地板等光滑地面的清洁。

（1）使用时，先将若干个拖把头置于桶中，用清水或用添加消毒液的水浸湿，拧干水分，取出一个拖把头平放在地面上，将拖把手柄插入拖把头。如果是在公共场所，拖地前应先放置一块警示牌，以防路人滑倒。

（2）拖地时，左手握住拖把手柄顶部，右手握住拖把手柄中上部，两手拇指都保持在上方。

（3）先用拖把沿着墙角以直线擦拖，再采用"之"字形的路线擦拖。"之"字形擦拖时身体保持直立，以后退的方式左右移动，右手手腕用力来回旋转拖把手柄进行拖地。通常一个45厘米宽的拖把头可以清洁20平方米的房间，一个60厘米宽的拖把头可以清洁30平方米的房间。一个房间或场所清洁完成后，取下拖把头放入清洁袋中，接着更换拖把头再清洁另一个房间或场所。

（二）面板平拖把的清洗方法

为保持拖把的清洁，应及时清洗拖把。首先可用较少的水（没过拖把头）加入适量洗衣粉或其他洗涤剂浸泡30分钟。浸泡后，将拖把从水中提起离开水面后，再稍用力把拖把掼入水中，反复数次。倒去脏水后，加入相同水量的清水，用同样的方法再清洗一次，直至清洗干净。清洗时，放入的洗涤剂能够起到清洁和杀菌的作用，必要时也可加入除菌剂，如84消毒液等。

四、簸箕

（一）簸箕的功能

簸箕是一种盛垃圾的保洁工具，其主要功能是装盛垃圾倒入垃圾容器内，通常与扫把配合使用。建筑物清洁保养中所用的簸箕都安装了长柄，在扫入垃圾时，无须弯腰，可直立操作，因而省时省力。簸箕已从原来的柳条簸箕发展到今天的铁皮簸箕和塑料簸箕。铁皮簸箕稳固性好，手柄与簸斗之间用铁钉或木螺钉连接，但其缺点是重量较大且易生锈。塑料簸箕造型漂亮，色泽鲜艳，重量较轻且不易生锈，但塑料手柄与塑料簸斗之间由螺纹连接，因而易脱落。目前在物业清洁保养工作中大都选用塑料簸箕。

（二）簸箕的使用方法

（1）进行保洁工作时，右手拿扫帚，左手提簸箕，两件工具均与地面垂直，离地面约15cm。

（2）打扫完毕后，应及时将簸箕中盛装的垃圾倒掉。

（3）移动盛有垃圾的簸箕时，簸箕的敞口不宜低垂，防止簸箕中的垃圾下落在地板上，再次造成污染。

（4）簸箕中盛有轻质垃圾（如纸片、泡沫塑料等）和灰尘时，要用扫帚抵住垃圾，避免垃圾和灰尘扬起、撒落，再次污染地板。

（5）簸箕使用后，应及时清洗，晾干待用。

五、现代常用保洁工具

随着科学技术的发展，市场上涌现出多种多样的电动保洁工具，它不仅提高了保洁工作效率，节约了人力资本，也满足了人们对生活质量和环境质量的要求。

（一）电动尘推车

电动尘推车适用的地面一般为水磨石、大理石、花岗石、人造石、地砖、聚氯乙烯（PVC）、精钢砂、环氧地坪，等等。电动尘推车用于日常地面的保洁工作，大大节约了人力并提高了工作效率。

（二）高压清洗机

高压清洗机是一种多用途的清洁设备，对地面污渍、油污、柏油路面的清洗和外墙面、广告牌、垃圾桶的清洗以及绿化喷洒、除雾降尘等有很好的效果。高压清洗机是近年来发展较快的一种新型高压清洗设备，由于其具有清洗成本低、不污染环境、不损害被清洁物和效率高等特点，广泛应用于各个行业。

（三）手推式扫地机

手推式扫地机是纯机械传动的清洁工具。无需电池、电源线及任何动力源，只要推着步行就可以将垃圾回收到集尘箱内，垃圾清扫与回收同时完成，工作效率高。

手推式扫地机主要有以下七个特点。

（1）使用方便，推着行走就可以将垃圾轻松回收到集尘箱内。

（2）纯机械传动，无需任何动力源。

（3）维护时全机身用水冲洗即可，简单方便。

（4）垃圾清扫与回收同时完成，扫地效率是人工的 4 ~ 6 倍，省工、省力、高效。

（5）整机采用工程塑料制造，抗腐蚀、耐老化、不变形，经久耐用。

（6）手提把手方便搬运，直立存放节省空间，储运十分方便。

（7）刷子和机身的高度可以调节，保证工作效率的同时可以最大限度地减少损耗。适合于清扫街道、小区、公园、庭院、学校、车间、库房以及大型活动场馆等不宜使用动力驱动清扫设备的场所。

（四）工业型扫地机

工业型扫地机是采用环保新能源蓄电池为动力，在小型车辆底盘上加装风机、电机，且安装有边刷、滚刷，扫、吸结合的清扫机械。

工业型扫地机的主要特点如下。

（1）工作效率高。每小时可以清扫 8 000 平方米左右的范围。

（2）成本低。一台工业型扫地机可以替代 12 ~ 15 名工人，大大节省人力成本。

（3）效果好。工业型扫地机采取扫、吸结合的方式进行工作，比传统人工打扫少了很多粉尘。

（4）安全性能高。工业型扫地机让作业人员能够身处安全环境（马路上快速行驶的车辆太多，人工打扫的方式很不安全）。

（五）垃圾装运车

垃圾装运车一般分为自卸式垃圾车和挂桶式垃圾车。

自卸式垃圾车又称为垃圾收集车，可用于沿街定时收集生活垃圾。车身后部的车厢用于装载垃圾，垃圾厢上两侧留有垃圾投入口，适用于在生活小区、商业区定时进行垃圾收集。车上带有音乐喇叭，人们听到垃圾车音乐后即可将打包好的成袋垃圾拎出，投进垃圾厢内，避免了垃圾堆放造成的环境污染，可以形成"垃圾不落地"的良好习惯。

挂桶式垃圾车由底盘、厢体、自动提升装料装置、液压系统、操作系统等组成。这种垃圾车通常和街道边的垃圾桶配套使用，其特点是垃圾桶的抓取、提升、倾倒、放下均可由操作系统自动完成。

挂桶式垃圾机的整个作业过程可由驾驶员在驾驶室内完成，工作效率较高。

第二节　校园劳动保洁的内容与要求

一、室内保洁的内容与要求

高校校园室内空间一般指教室、实训实验室、办公室、会议室、接待室、资料室、档案室、图书馆、机房、仓库等。保洁时的清扫对象主要有天花板、墙面、黑板、门窗、玻璃、桌椅、柜子、讲台、地面等。

（一）室内保洁步骤

1. 检查

进入室内后，先查看室内是否有异常现象、有无损坏的物品。如发现异常，应先向有关部门报告后再进行保洁作业。

2. 推尘

推尘可按照先里后外、先上后下、先窗后门、先桌面后地面的顺序进行，先清扫天花板、墙角上的蜘蛛网和灰尘，接着擦拭窗户玻璃、门面的灰尘，实验器材等设备挪动后要按原位摆好。

3. 清扫顺序

清扫时，可从门口开始，由左至右或由右至左依次擦拭室内桌椅、柜子、讲台和墙壁等。抹布应拧干，擦拭每一件物品时应由高到低、先里后外进行清洁；擦拭墙壁时，重点擦拭墙壁上的门窗、窗台等。操作时，可先将湿润的涂水毛头装在伸缩杆顶部，沿顶部平行打湿玻璃，再用干净的抹布擦干净窗框及窗台，最后用干燥的无毛棉布擦干净玻璃上的水渍。大幅墙面和天花板等宜定期进行清扫（如每周清洁一次）。

（二）室内保洁要求

1.各楼层房间内

（1）室内的窗玻璃、窗台、窗框应清扫至干净、整洁、明亮。

（2）室内的墙面、天花板要擦拭整洁，无污渍、浮灰、蛛网。

（3）地面、地毯整洁、完好，无垃圾、污渍、破洞。

（4）室内各种家具放置整齐，擦拭光洁，无灰尘。

（5）室内灯具清洁、完好、无破损。

（6）室内空调出风口干净、整洁，无积灰和霉斑。

（7）室内各种艺术装饰挂件摆放端正、清洁无损。

2.各楼层公共区域保洁要求

（1）地面：无废弃物、纸屑和污迹。

（2）墙面：踢脚线、消防排烟口、警铃、安全指示灯、各种标牌表面干净，无灰尘和水迹等。

（3）电梯厅：墙面、地面、门框、电梯标识牌表面干净，无油痕、污迹和灰尘等。

（4）玻璃窗（玻璃、窗框、窗台、窗帘）：明净、光洁。

（5）各种设施外表（如大堂前台、广告牌、信箱、消防栓箱等）：外表清洁干净，无积尘和污痕。

（6）楼梯、防火梯：无灰尘和杂物。

（7）扶手、栏杆：表面光洁、无积尘，玻璃无污迹。

（8）门：干净，无灰尘和污痕。

（9）电梯内空间（内墙、地面、门板、天花板）：外表干净，无污痕、积尘和脏物或杂物。

（10）室内垃圾桶：外壁光亮整洁，无烟灰和痰迹。

二、休闲空间和走廊的保洁内容与要求

室内学习休闲的空间一般有室内敞开式休息间、走廊过道、楼梯平台、报告厅、礼堂、门厅等，它们的保洁对象包括天花板、墙面、窗户、玻璃、桌椅、柜子、墙面、地面、门面等。

（一）休闲空间和走廊的保洁步骤

1. 检查

进入各类休闲空间后，可先查看是否有异常现象、有无已损坏的物品。如发现异常，应先向有关部门报告后再进行保洁作业。

2. 清扫

先用扫把对地面进行清扫，扫去烟头、纸屑、灰尘等。

3. 擦拭

从门口开始，由左至右或由右至左依次擦拭室内桌椅、柜子、讲台和墙壁等。擦拭前抹布应拧干，擦拭每一件物品时应由从高到低、先里后外的顺序进行。擦拭墙壁时，应重点擦拭墙壁上的门窗、窗台等。擦拭时，可先将湿润的擦头装在伸缩杆顶部，沿顶部平行打湿玻璃，再用干净的抹布擦干净窗框及窗台，最后用干燥的无毛棉布擦干净玻璃上的水渍。大幅墙面和天花板宜定期进行清扫（如每周清理一次）。

4. 整理

桌椅、柜子等抹干净后，应按照原位摆放整齐，最后应将垃圾袋进行更换。

（二）休闲空间和走廊的保洁要求

地面干净无污迹，没有垃圾和积水，墙面干净无灰尘，桌椅干净摆整齐，门窗干净很明亮。

三、公共卫生间的保洁内容与要求

（一）公共卫生间的保洁内容

公共卫生间的清洁对象主要包括地面、墙面、门窗、天花板、隔板（隔墙）、卫生洁具及其他室内设施等，可分为每日常规清洁和周期性大清洁两种。每日常规清洁的次数可根据具体人流量和标准要求而定，一般每日至少清洁一次，周期性大清洁可根据具体情况拟订计划，一般可每星期、每半月或每月安排一次。公共卫生间的保洁内容主要包括以下几个方面。

（1）及时冲洗厕（尿）兜，不得留有脏物。

（2）及时倾倒手纸箩，箩内手纸不得多于容量的 1/3。

（3）地面拖擦干净，做到无水迹、无垃圾、无尘土。

（4）定时擦洗洗手台、厕（尿）兜等卫生设备。

（5）定时擦拭门窗、厕间隔板、墙壁、窗台。

（6）定时消毒，喷洒除臭剂、清香剂。

（7）及时补充香皂、洗手液、香球、手纸等。

（二）公共卫生间的保洁要求

（1）坐厕、尿槽、洗手盆、地面均干净无尘。

（2）地面无烟头、纸屑及其他杂物、污渍。

（3）室内无异味。

（4）地面无积水，天花板无蜘蛛网、无积尘。

（5）镜面、墙面、金属等无水渍和污渍，表面光亮并干燥。

四、机动车道和人行道的保洁内容与要求

校园道路指可供各类机动车辆行驶和行人行走的道路，人行道指校内道路两侧的行人通道以及可供师生上下课（班）和休闲行走的小路。校园道路和人行道

保洁的内容与流程为：清扫各种垃圾、树叶，清捡树枝和废弃物，清拔路沿石缝的杂草，清除人行道边上绿化带的树叶杂草，清扫人行道和道路上的灰尘等。

（一）机动车道和人行路的保洁内容

（1）用大扫把把道路中间和人行道的果皮、纸屑、泥沙等垃圾扫成堆。

（2）用胶扫把把垃圾扫入簸箕内，倒进垃圾手推车中。

（3）用水清洗有污痕的路面和场地。

（4）雨停天晴后，用大扫把把马路上的积水、泥沙打扫干净。

（5）及时清理车道、人行道上的杂草。

（二）机动车道和人行道的保洁要求

（1）清扫作业后路面、下水口、人行道等应整洁干净。

（2）垃圾必须装车运走，不宜漏收，也不宜在路面上进行中转，不要焚烧垃圾。

（3）除每天完成常规清扫作业外，可全天巡回检查，一旦路面出现废弃物要马上清理干净。

（4）应及时清掏果皮箱，垃圾不得外溢；箱周围及地面无抛撒及存留垃圾；箱体整洁卫生，无污迹。

（5）严禁将垃圾扫入渠井、下水道中。

五、露天广场、停车场、台阶、水沟等地的保洁内容与要求

校园露天广场、停车场、台阶和房屋周边的水沟，它们的保洁内容与流程为：清扫各种垃圾、树叶，清除各种杂草、树枝，清扫或者清洗灰尘、清理水沟内的各种垃圾和杂草。

（一）露天广场、停车场、台阶、水沟等地的保洁内容

（1）对露天广场、停车场、台阶和楼房周边的水沟进行检查，先用扫把或垃圾夹清理面上的垃圾、树枝、树叶等。

（2）清除广场、台阶周边的杂草。

（3）用小扫把处理广场、停车场、台阶地面的尘土。

（4）清理垃圾，运送到垃圾中转站。

（5）不宜把垃圾和树叶倒到道路两边的绿化带上，更不能就地焚烧垃圾。

（6）下雨天要及时清扫路面及广场的积水。

（7）路面上的口香糖等黏性物体要及时用铲刀清理干净。

（8）垃圾桶、果皮箱里的垃圾一般不超过容量的三分之二，每天至少清理1次并将垃圾集中收集至指定的垃圾中转站。

（9）人工附属设施设备（如各类灯、音响、指示牌、宣传栏、休闲椅、桥面、栏杆、扶手、凉亭、走廊、花架、园林小品等）和体育健身区域的器材设施每周应擦洗1次。

（10）用胶扫把清扫排水沟里的泥沙、纸屑等垃圾，拔除沟里生长的杂草，保证排水畅通。

（二）露天广场、停车场、台阶、水沟等地的保洁要求

（1）广场内的道路、台阶无垃圾、抛撒物、零星废弃物，无卫生死角、无积存的垃圾杂物，无积水，无污迹。

（2）人工附属设施设备（各类灯、音响、指示牌、宣传栏、休闲椅、桥面、栏杆、扶手、凉亭、走廊、花架、园林小品等）以及体育健身区域的器材设施的表面无积尘，干净整洁。

（3）水沟目视干净，无杂草、无污痕、无青苔、无垃圾和砂石，排水畅通。

（4）广场内各类设施、建筑及构筑物立面上无违法小广告。

六、生态林、绿化地（带）的保洁内容与要求

在校内有规划并科学、合理地栽植一些生态林、绿植和绿篱是建设美丽校园不可缺少的内容，更是建设生态学校、保护校园环境的重要内容。生态林、绿化

地（带）保洁维护的主要内容与流程有：清捡绿化地和绿篱带内的各种垃圾、大树叶、树枝和废弃物，清拔绿化地和绿篱带内的杂草；清捡生态树上的干枯树枝，进行合理修剪；科学艺术地整修绿篱带和花草苗木等。

（一）生态林、绿化地（带）的保洁内容

（1）用扫把仔细清扫生态林中和草地上的果皮、纸屑、石块等垃圾。

（2）对烟头、棉签、小石、纸屑等用扫把不能打扫起来的小杂物，可用垃圾夹夹起收入簸箕内。

（3）仔细清理绿篱带下方的杂草和枯枝落叶。

（二）生态林、绿化地（带）的保洁要求

生态林中、绿化带上目视无垃圾、脏杂物，花草叶苗无枯萎和明显积尘；花草盆中无积水和异味，花草树木剪整齐，摆放美观。

第三节 大学生应学会垃圾分类

习近平总书记在党的十九大报告中指出："建设生态文明是中华民族永续发展的千年大计，必须树立和践行绿水青山就是金山银山的理念。"[①]"要坚定走生产发展、生活富裕、生态良好的文明发展道路，建设美丽中国，为人民创造良好的生产生活环境，为全球生态安全做出贡献。"[②]

随着社会经济发展和物质消费水平的大幅度提高，我国每年垃圾的产生量迅速增加，这些垃圾不仅造成了环境安全隐患，也造成资源浪费，成为人民群众反映强烈的突出问题，成为社会经济持续健康发展的制约因素。实行垃圾分类，对改善人们的生活环境、推动绿色生态发展、建设美丽中国有重要意义。高校推行垃圾分类，对于培养高素质的社会人才，创建文明、和谐、生态、美丽校园等具有十分重要的意义。

① 杨杰.绿水青山就是金山银山 [J].新农业,2019,(第 3 期)：57-59.
② 韩国栋.守住生态底线 建设生态文明 [J].实践(思想理论版),2017,(第 4 期)：17.

一、垃圾分类的意义

（一）减少环境污染，改善生活环境，促进人们的身心健康

垃圾的大量产出，使得环境问题日益突出。一方面，现代的城市垃圾中含有多种化学物质，有些对人体和生产有害，比如废弃的电池中含有金属汞、镉等有害物质，土壤中的废弃塑料会导致农业减产等。如果单纯通过填埋处理垃圾，即使垃圾填埋处远离生活场所并且采用了相应的隔离技术，也难以杜绝有害物质的渗透，这些有害物质会随着大气或水资源的循环而进入整个生态圈中，污染水源和土地，通过植物或者动物最终影响到人们的身体健康。另一方面，垃圾随意丢弃、简单堆放处理，会产生很多问题，比如破坏良好的生活环境，污染水源、土壤、空气等环境，导致蚊虫、细菌大量滋生，增加传染病发生的概率，等等。因此，实行垃圾分类，可以减少环境污染，改善我们的生活环境，从而有利于人们的健康。

（二）节约使用资源，促进再生资源利用，实现循环经济

实行垃圾分类，可以变废为宝。将垃圾中的可回收物分拣出来，一方面可以从源头上使垃圾大大减少，另一方面收集起来的可回收物变废为宝，可以有效促进资源的回收与利用，实现循环经济，产生可观的经济效益。此外，将垃圾中的厨余垃圾分拣出来进行堆肥发酵处理，还可以把有机成分制成农田与绿化的用肥。把厨余垃圾分出后，将剩下的垃圾进行集中焚烧处理，可使燃烧更加充分，回收的热能资源也就会更多。

（三）节约土地资源，减少占地，获得更多土地资源

我国目前常用的垃圾处理方式有两种，一是垃圾填埋，二是垃圾堆放。无论哪种处理方式，其实质都是将垃圾从一个地方运送到另一个地方，仍然占用土地资源。垃圾填埋是最简单也是最方便的处理方式，但是对于未来的发展而言存在极大的隐患。国家的土地资源是稀缺的，我国人居土地特别是人均耕地远远低于

世界平均水平。且垃圾填埋场属于不可复原场所，不能够重新作为生活小区。垃圾分类将不同类别的垃圾进行分流，可以极大地减少最终的垃圾填埋量，大大节约填埋场地，延长填埋场的使用寿命，从而减少占地，获得更多的土地资源。

（四）提升国民素质，提高民众价值观念，促进社会文明进步

垃圾分类是处理垃圾公害的最佳解决方法和途径，实行垃圾分类，体现着一个国家的文明水平。实行垃圾分类，体现着一个社会、一个家庭的文明水平。垃圾分类是一种文明健康的生活方式，个人和家庭是实行垃圾分类的主体，它体现着人们对环境建设的深刻认识与高度重视，体现着人们的文明素质与社会的文明进步，体现着人们的共同参与与共同担当。

二、国内外垃圾分类情况简介

（一）国外垃圾分类情况简介

1. 瑞典：层层落实垃圾管理责任制

瑞典是世界上环境法体系很完备的国家之一，废弃物管理是瑞典环境法的重要组成部分。

瑞典法律对涉及垃圾产生的单位和个人进行了严格的规定，希望从源头上控制垃圾的数量。相关法律规定，工商业者对其在工商业活动中产生的废弃物的处置负有完全责任，有义务对其产生的废弃物进行无害或少害处置和转移。对不履行这些义务的责任人将处以罚金或判处最多六个月的监禁。法律还规定，地方当局必须对其辖区内产生的生活垃圾进行回收处理，而且可以通过制定地方性法规加以管理。生产者必须在产品包装上详细说明资源物的回收方式，指导消费者进行正确的分类回收。

瑞典所有废弃物管理法规均有法律责任条款，如《特定饮料容器回收法》中规定：故意或过失违法者，可处以罚金或一年以下监禁。

2. 澳大利亚：严格处罚乱扔垃圾者

澳大利亚拥有健全的环境立法，除联邦统一环境立法外，各州也有自己的环境法律。澳大利亚环境法中的《垃圾管理法》，对违反者的处罚十分严厉。

在昆士兰州，一般乱扔废弃物者，可罚 200 澳元，如果被起诉到环境法院则最高可处罚 2 000 澳元；不按规定倾倒危险废物，如在操场上乱扔玻璃，在干草地上乱扔烟头，危及人身、野生动物和财产安全的，个人可被罚 400 澳元，单位可被罚 1 600 澳元，如果被起诉到环境法院，则最高可处罚 4 000 澳元；对于乱扔超过 200 升的垃圾，个人可能被罚 1 650 澳元，单位可能被罚 6 600 澳元，如果被起诉到环境法院，最高可处罚 16 500 澳元。

在维多利亚州，对于在人行道、公园和街道上乱扔垃圾的行为，首先要查明行为人，然后再移走垃圾。当有关部门确定了行为人后，会寄送一封通知函，告知其违反了《1970 年环境保护法》的处罚内容，并追收清洁费用。处罚的数额从 119 澳元到 239 澳元不等，如果被市政厅起诉到环境法院，则最多可被罚 4 000 澳元。如果随便乱扔车辆、船只等交通工具，最多可被罚 6 000 澳元或处一个月的监禁，或者两者并罚。

3. 德国：实行连坐法规范垃圾管理

德国从 1904 年开始实施垃圾分类，至今已有 100 多年历史。德国对社区垃圾管理十分严格。

垃圾回收公司在居民区附近设投放点，放置有棕、蓝、黑、黄四种颜色的垃圾桶。对于废旧的家用电器和家具，需要放到街边统一免费清理。一般每月回收一次。

如果发现有未按分类要求投放垃圾的情形，会采用"连坐法"进行惩罚。即当环境工作人员发现某一处垃圾经常没有严格进行分类投放时，会给附近小区的物业管理员以及全体居民发出警告。如果警告后仍未改善，垃圾回收公司就会提高这个片区的垃圾清理费。当收到警告后，物业组织会与居民自治管理委员会共同排查，希望找到责任人，要求其整改。即使责任人不敢承认，片区的居民为了不缴纳更高的垃圾清理费，也会严格遵守垃圾分类规则。

4. 法国：垃圾回收后再提取有用价值

法国是最早推出垃圾分类和设立公共垃圾桶的国家。早在 1884 年，法国塞纳省总督就规定所有公共道路必须放置垃圾桶回收垃圾。

垃圾回收后，要再进行价值回收。所谓价值回收，就是让垃圾体现出产业价值。价值回收的依据分为三类：一类是垃圾的原材料价值。以垃圾分拣过后的压缩物为原材料，产出金属、纸张、玻璃、木材、塑料制品以及橡胶等二次资源。二类是垃圾的有机价值，主要是利用垃圾中的可发酵物来制造有机复合肥料。三类是垃圾的能源价值。主要是利用焚烧垃圾产生热能，既可以向居民或是工厂提供热能，又可以发电并网为社会提供电力。

5. 日本：将垃圾清理费与垃圾袋成本费捆绑在一起

日本的垃圾管理法律规定，居民家庭在投放垃圾前，要对垃圾进行前期处理。居民购买的垃圾袋，自然包括了应付的垃圾费。

在横滨市，市政府专门印制了 27 页的小册子指导市民进行垃圾分类。其中规定，口红属于可燃物，但是用完后的口红管则属于小金属物；一只袜子属于可燃物，一双袜子则属于旧衣料。

厨余垃圾必须将水分完全过滤掉；炸过东西的油，应将布和纸张浸入其中，使其凝固；纸尿布必须先将污物冲洗后揉成小团；硬纸板需要折叠后，用纸绳捆成十字形；塑料瓶要去掉瓶盖和商标包装纸。

日本对垃圾的投放和收集有严格的时间规定。在东京都港区，每周三、周六上午回收可燃垃圾，周一上午回收不可燃垃圾，周二上午回收资源垃圾。

在日本，垃圾按量收费。对可燃烧垃圾和不可燃烧垃圾的收运按体积付费，付费方式是市民到指定地点购买特制垃圾袋，不同容量的垃圾袋价格不同，其价格包括了垃圾收集和处置的费用。每种垃圾有特定的颜色分类，袋子有序列号，每个地区只能用本地区的垃圾袋，不能跨地区使用。

6. 韩国：实行严格的袋装分类制度

韩国政府从1993年开始实行垃圾分类，其主要特点是通过发放垃圾袋明确责任人，控制垃圾的数量。

对于不可回收垃圾，有5～100升不同规格的白色垃圾袋供选择。每个垃圾袋的定价中包括了垃圾收集、运输及处理的各种费用。如果没有被正确分类，轻则退回，重则会被处以最高100万韩元的罚款。

首尔等城市自1997年起开始实行垃圾实名制度，即每个家庭在投放垃圾以前必须在垃圾袋上写明门牌号和户主姓名。政府还雇用了一支由大婶组成的队伍，专门到社区垃圾投放点或公寓门口检查，如果违规，她们会通过垃圾袋上的信息追查出责任人。每查出一户最高可奖励10万韩元，而这份奖金必须由责任人承担。

（二）国内垃圾分类法规简介

1. 十八大以前我国关于垃圾分类法律法规的情况

十八大以前国内关于城市生活垃圾管理方面的主要法律法规有以下几部。

（1）《中华人民共和国环境保护法》。1989年12月26日公布并实施的《中华人民共和国环境保护法》是环境保护方面的基本法，其中第四章"防治环境污染和其他公害"专门规定了防治包括城市垃圾在内的污染物对环境的污染，是城市垃圾管理及污染防治其他立法的基础，但该法中对于城市生活垃圾分类并无具体规定。

（2）《中华人民共和国固体废物污染环境防治法》（2004年修订）。《中华人民共和国固体废物污染环境防治法》是中国防治固体废物污染的单行法，该法第三章第三节为"生活垃圾污染环境的防治"，其中第四十二条中对城市生活的垃圾分类做出规定："对城市生活垃圾应当及时清运，逐步做到分类收集和运输，并积极开展合理利用和实施无害化处置。"

（3）《城市市容和环境卫生管理条例》。国务院1992年颁布的《城市市容和环境卫生管理条例》是系统地对城市固体废物进行管理的法令，其中第二十八条规定："对城市生活废弃物应当逐步做到分类收集、运输和处理。"

（4）《城市生活垃圾管理办法》。2007年4月住房城乡建设部颁布了《城市生活垃圾管理办法》。随着经济水平的不断提高，新的城市生活垃圾管理存在的问题日益突出，迫使相关部门对此采取相应措施，其中对于垃圾分类有了较详细的规定。该办法第三章第十五条规定："城市生活垃圾应当逐步实行分类投放、收集和运输。具体办法，由直辖市、市、县人民政府建设（环境卫生）主管部门根据国家标准和本地区实际制定。"第十六条第二款规定："城市生活垃圾实行分类收集的地区，单位和个人应当按照规定的分类要求，将生活垃圾装入相应的垃圾袋内，投入指定的垃圾容器或者收集场所。"

此外，各地区根据自身的具体情况和实际需要，陆续颁布了一些与垃圾分类相关的地方性法规、规章和法律性文件。例如，深圳市政府于2002年颁布《深圳市城市垃圾分类收集运输处理实施方案》、上海市政府于2007年颁布《上海市市容环卫局关于进一步开展本市居住区生活垃圾分类新方式试点工作的通知》等。这些地方性法规、规章和法律性文件细化了垃圾分类的具体规定，对制定垃圾分类的详细标准、明确相关管理责任等方面起到了一定的积极作用。

2. 十八大以来我国关于垃圾分类法律法规的情况

党的十八大以来，党和国家对生态文明日益重视，将生态文明列入"五位一体"的总体布局。党的十九大中首次指出，"建设生态文明是中华民族永续发展的千年大计"[①]。报告明确指出，到21世纪中叶，"把我国建成富强民主文明和谐美丽的社会主义现代化强国"[②]，首次将生态文明建设目标纳入国家现代化战略目标并写入宪法。而垃圾分类则是生态文明建设的重要环节和关键领域，是生态文明的重要抓手。

2017年，中国国家发展改革委、住房和城乡建设部共同颁布了《生活垃圾分类制度实施方案》，为中国生活垃圾分类制度的实施制定了路线图。同期各省、

① 翁淮南，郭慧，张纪，冯静，王慧，赵瑞熙.建设生态文明是中华民族永续发展的千年大计——习近平 [J]. 党建,2018,(第 1 期) : 18-19.
② 扶永生.浅论习近平的强国战略 [J].法制博览,2018,(第 26 期) : 228-229，135.

市相继出台垃圾分类实施方案，从完善顶层设计开始补齐短板，提高垃圾分类的法治化水平和全民参与程度。自此，国家、省、市各级垃圾分类工作开始全面实施，相关工作也将会开始迈出实质步伐。面对生活垃圾造成的突出环境问题，我们应该坚定绿色发展理念，加强生活垃圾分类制度建设。

（1）党的十八大以来国家垃圾分类政策及法规简介

2017年3月，国务院办公厅转发了国家发展改革委、住房和城乡建设部《生活垃圾分类制度实施方案》（以下简称《方案》）。《方案》中强调，到2020年底，基本建立起垃圾分类相关法律法规和标准体系，形成可复制、可推广的生活垃圾分类模式，在实施生活垃圾强制分类的城市，生活垃圾回收利用率达到35%以上。

2017年4月21日，发改委等14部委联合发布了《循环发展引领行动》，对实现生活垃圾分类和再生资源回收和有效衔接提出了具体的工作计划，如加强城市低值废弃物资源化利用，创新服务机制和模式；健全法规体系，研究出台强制回收的产品和包装物名录及管理办法、建筑垃圾回收与资源化利用管理办法；理顺价格税费政策，探索垃圾计量收费路径等。

2017年5月，国家发展改革委办公厅、住房和城乡建设部办公厅发布《关于征求〈2017年推进生活垃圾分类制度工作要点（征求意见稿）〉意见的函》，拟定了15项工作要点，意见中的内容还包括督促46个城市于2017年底制定出台生活垃圾强制分类办法，研究制定生活垃圾强制分类工作年度考核办法，建立信息报送和信息交流机制，督促指导党政军机关、学校、医院率先推进生活垃圾分类，加强家庭源有害垃圾管理，完善再生资源回收网络布局布点，启动生活垃圾强制分类立法调研等。

2017年中，国家机关事务管理局、住房和城乡建设部等五部委发布《关于推进党政机关等公共机构生活垃圾分类工作的通知》，提出2017年底前，中央和国家机关及省（区、市）直机关率先实现生活垃圾强制分类；2020年底前，生活垃圾分类示范城市的城区范围内公共机构实现生活垃圾强制分类；其他公共机构要因地制宜做好生活垃圾分类工作。

2017年10月29日，发改委发布《关于推进资源循环利用基地建设的指导意见》，提出到2020年在全国范围内布局建设50个左右的资源循环利用基地，基地服务区域的废弃物资源化利用率提高30%以上，探索形成与城市绿色发展相适应的废弃物处理模式，切实为城市绿色循环发展提供保障。

2018年1月，住房和城乡建设部印发《关于加快推进部分重点城市生活垃圾分类工作的通知》，要求加快推进北京、天津、上海等46个重点城市生活垃圾分类工作。教育部办公厅等6部门印发《关于在学校推进生活垃圾分类管理工作的通知》，要求探索建立生活垃圾分类宣传教育工作长效机制和校内生活垃圾分类投放收集贮存的管理体系。

2018年7月，《中华人民共和国固体废物污染环境防治法（修订草案）》（征求意见稿）（以下简称《意见稿》）公开征求意见。《意见稿》提出，国家推行生活垃圾分类制度，地方各级人民政府应做好分类投放、分类收集、分类运输、分类处理体系建设，采取符合本地实际的分类方式，配置相应的设施设备，促进可回收物充分利用，实现生活垃圾减量化、资源化和无害化。

2018年7月，国家发展和改革委员会出台了《关于创新和完善促进绿色发展价格机制的意见》（以下简称《意见》）。《意见》中提出到2020年基本形成有利于绿色发展的价格机制和价格政策体系，促进资源节约和生态环境成本内部化的作用明显增强，到2025年适应绿色发展要求的价格机制更加完善，并落实到全社会的各方面和各环节。《意见》聚焦污水处理、垃圾处理、节水和节能环保等四方面。

三、高校校园中的垃圾分类

在我国高校中，垃圾分类既是培养高素质人才的需要，也是创建文明校园、生态校园的需要，是功在当代、利在千秋的事业壮举。高校校园垃圾分类的一般模式与流程如下。

（一）分类模式

根据学校实际情况，结合常规垃圾分类标准可回收物、厨余垃圾、有害垃圾、其他垃圾四种类别进行生活垃圾分类。校园施工产生的建筑垃圾、绿化垃圾以及实验室危险废弃物垃圾等应另外按照相关规定进行处置，严禁混入生活垃圾中投放。

（1）可回收物，是指废弃的纸张、塑料、金属、纺织物、电器电子产品、玻璃等可资源化利用的物质。

（2）厨余垃圾，是指废弃的剩菜、剩饭、蛋壳、瓜果皮核、茶渣等在日常生活中产生的易腐性垃圾。

（3）有害垃圾，是指废弃的充电电池、纽扣式电池、荧光灯管（日光灯管、节能灯等）、温度计、血压计、过期药品、杀虫剂、胶片、相纸等会对人体健康或者自然环境造成直接或者潜在危害的物质。

（4）其他垃圾，是指除可回收物、厨余垃圾和有害垃圾之外的生活垃圾。

（二）分类与收集流程

单位和个人应当按照规定的时间、地点，用符合要求的垃圾袋或者容器分类投放生活垃圾，不得随意抛弃、倾倒、堆放生活垃圾。

1.学生公寓和教师住宅区垃圾分类收集流程

学生或教师应将宿舍或家中的厨余垃圾滤出水分后装袋投放至室外厨余垃圾桶，不得混入贝壳类、木竹类、废餐具等不利于后期处理的杂质；其他类别的垃圾分类装入相应垃圾袋中，并就近投放到室外相对应的分类垃圾桶内。

后勤人员负责在规定时间将厨余垃圾桶内的垃圾运至固定的垃圾集中装运点，对接市政厨余垃圾收运车进行清运；其他种类的垃圾由后勤安排车辆专门分类收集清运。

体积大、整体性强或者需要拆分再处理的家具、家电等大件垃圾，需统一投放至校园内专门设置的大件生活垃圾投放点，由后勤人员安排负责清运，不得随意堆放于普通垃圾投放点。

2.食堂、商户、教学楼垃圾分类收集流程

（1）学校食堂。各食堂应自备符合标准的垃圾分类桶，厨余垃圾必须单独放置在厨余垃圾桶中，在固定的时间段内由后勤部门安排清运车直接上门收集运送至当地垃圾处理站。

（2）校内商户。商户应根据自身日常产生的垃圾情况自备符合标准的一类或多类垃圾分类桶，厨余垃圾须单独放置在厨余垃圾桶中。根据后勤部门安排，在每日固定的时间段内将分类好的垃圾投放在相对应的垃圾桶内，由后勤人员运至固定的垃圾集中装运点。

（3）教学楼区域。所属各学院应自备符合标准的垃圾分类桶，垃圾按类分别投放到固定的垃圾桶中。

3.校园公共区域垃圾分类收集流程

校园的公共区域可按片区划分，由负责日常打扫的人员收集垃圾并将果皮箱中的其他垃圾、可回收物及有害垃圾通过分类收集车进行分类统一收集，运送到固定垃圾堆放点进行分类投放，由后勤部门安排车辆分类清运，收集车辆上需张贴相应分类标识。

第七章　大学生勤工助学劳动教育与实践

　　勤工助学是对学生进行劳动教育、提升综合素质和资助家庭经济困难学生的重要措施，是资助与育人并举、实现"三全育人"的重要途径。本章将对勤工助学的概念、意义、岗位设置情况进行介绍，并结合高校学生的实际情况，对正确处理勤工助学与学习间的关系进行探讨。

第一节　勤工助学概述

一、勤工助学的概念

　　勤工助学包含"勤工"与"助学"两个要素，其中"助学"又包含对完成学业进行"资助"和"帮助"两重含义。家庭经济困难的学生通过参与学校组织的劳动或服务，通过自己付出的劳动换取一定的报酬，以缓解经济压力，安心学习。在此基础上，学生综合素质得到提升，人格得以健全，心理健康发展，职业基本素质也得到了培养。

　　勤工助学又曾被称为"勤工俭学"，意为勤于工作、俭以求学，即依靠勤恳的工作和俭朴的生活赚取经济收入以保障学业完成。勤工俭学最早始于 20 世纪初的新文化运动时期，在国家面临内忧外患时，国内以王光祈为首的一部分先进青年组织了"少年中国学会"，为了实现教育与职业相统一的理想，发起建立了"工读互助团"。同时期，许多先进青年因不满于现状向西方寻求变法，从而走上了以勤工俭学方式留学欧洲的道路。如周恩来、邓小平、吴玉章、陈毅等都是赴法勤工俭学的先进代表，他们主张工学并进、教育与生产结合等思想是我国新民主主义教育思想的重要来源。这一时期的勤工俭学是为了解决求学所需要的经济问题，是当时部分先进知识分子所主张的生活和学习方式。

中华人民共和国成立后，勤工助学以坚持学习和生产劳动相结合的主线，经历了三个发展阶段。"勤工"与"助学"之间的关系随着社会环境中实践的变化而不断变化。

中华人民共和国成立初到20世纪70年代末的勤工俭学主要以"参加社会主义劳动的形式"体现，以体力劳动和脑力劳动相结合进行人才的培养，此阶段重视"无偿劳动，获取精神收获"，并开设劳动技术课、建立劳动基地为勤工助学创造条件，在培养热爱劳动和勤俭美德方面做出了重大贡献。

20世纪80年代开始，勤工俭学逐渐改为勤工助学，开始了以"济困"为主要目的的勤工助学阶段，其内涵也日渐丰富，专业学习与能力培养相结合，勤工助学从无偿劳动转变为按劳取酬，向非直接给予性资助转变。

20世纪90年代初，勤工助学进入了"济困与成才相结合的社会实践"阶段。该阶段为了规范20世纪80年代末社会经商热潮对校园的影响，按照国家教委的要求，各高校逐步调整和实践，将勤工助学作为高校学生工作的重要内容之一，在组织、制度和规范上有了更多的进步，勤工助学的岗位类型也更加丰富，勤工助学的经济收入也有了增长；同时，在市场经济条件下社会对人才提出了更加综合和全面的要求，勤工助学在培养人的意志品质、增长技能知识、培养职业素养上发挥了重要的"育人"作用。随着资助育人理念的不断完善，"勤工"对"助学"的促进作用不只停留在经济资助上，同时也在帮助学生完成学业、提升综合能力方面发挥着重要作用。

20世纪90年代以来，我国高等教育蓬勃发展，高校招生规模不断扩大，高等教育呈现从精英教育转向大众教育的趋势，越来越多的学生有了进入大学学习的机会。与此同时，高校学生中贫困生的人数和占比也在不断提高。1994 年起，国家教委、财政部发文要求各高校设立勤工助学基金，使高等学校勤工助学活动具有稳定、可靠的经费来源，以保障贫困学生得到有效资助，帮助其顺利完成学业。在此基础上，高校勤工助学逐步走向经常化和规范化，勤工助学作为高校中以"奖、助、贷、勤、补、免"为主体的多元资助体系中唯一的非直接给予性资助，成为高校资助体系中的重要力量。

从历史发展角度看，勤工助学与文化和教育保持着密切联系，在各个时期都具备教育功能和实践功能。当前，勤工助学逐渐成为贫困学生通过劳动改善生活现状、在保障完成学业的基本经济条件下在工作实践中提升综合素质的主要方式之一。在资助育人理念的指导下，勤工助学的资助与育人的双重目标被进一步强调，勤工助学不仅是贫困学生减轻家庭经济负担的途径，也成为他们锻炼综合能力、提升专业技能的有效方式。中共中央、国务院在 2004 年的《关于进一步加强和改进大学生思想政治教育的意见》中要求高校建立大学生社会实践保障体系，探索实践育人的长效机制，建立与专业学习相结合、与服务社会相结合、与勤工助学相结合、与择业就业相结合、与创新创业相结合的管理体制，增强社会实践活动的效果，培养大学生的劳动观念和职业道德，在勤工助学中培养学生的劳动意识和自强自立精神。根据国家勤工助学政策，各高校几乎都制定了勤工助学相关政策规定和管理办法，根据社会对人才需求的特点以及高校勤工助学的发展实际积极探索勤工助学有效形式，使勤工助学成为高校人才培养、思想政治教育和大学生社会实践活动的有效载体，成为高校重要的常规工作，在帮助学生成长、成才方面发挥着重要的作用。

二、勤工助学的特点

（一）组织计划性

勤工助学由高校统一组织和管理，是在学校相关管理部门的组织和协调下开展的。勤工助学的参与者是高校在校学生，只有在学校的有效组织和管理条件下，才能更好地实现经济资助和个人成才的双重目标，推动高校全面育人工作的开展。高校勤工助学工作的日常管理由学校设立的专门的勤工助学管理服务机构负责，主要开展对勤工助学活动的指导和管理、对勤工助学的经费进行筹措和管理以及对学生参与勤工助学进行培训、服务等工作。

勤工助学是有计划、有序开展的。对于学校来说，勤工助学是一项长期工作，需要结合设岗部门、教学、行政和后勤管理的实际，共同建设和完善勤工助学工作相关的管理制度。对于参与勤工助学活动的学生来说，对岗位的选择、工作的计划安排也必须与自身的学业相结合，做到从实际出发，科学规划。

（二）育人协同性

作为学校育人工作的一部分，勤工助学与人才培养模式和育人目标相适应，与学生个人成长成才相结合，与专业教育、思想政治教育、综合素质教育相协同。勤工助学一方面解决了困难学生的生活经济问题，另一方面促进了学生的德智体美劳全面发展。在帮助学生完成学业教育的过程中，"勤工"是方法，"助学"是目的。学校在勤工助学岗位的设计上，应当注意工作内容与实践教育、学业教育的相关联和相协同。在勤工助学学生的管理、引导方面，要注意培养学生正确的人生观、价值观，引导他们树立正确的劳动观念，培养学生自强自立的精神和坚韧不拔的品格，同时协调好勤工助学与学校正常教学的安排，避免因勤工助学活动妨碍正常的教学和管理。

（三）类型多样性

在各个发展时期，勤工助学随着社会经济环境的变化而表现出了不同的内涵，大学生可以根据自身的特点和学习安排选择合适的勤工助学方式。社会的发展给勤工助学提供了更多类型的岗位。当前，在传统的以劳务型、智力型岗位为主的基础上，出现了管理型、技术型等多种与学校和社会现实相互适应的岗位。

岗位类型的丰富也进一步拓展了勤工助学的参与方式和内涵，影响着勤工助学的育人效果。

三、参与勤工助学前的准备

（一）获取信息

在参与勤工助学活动前，大学生可以通过勤工助学信息渠道了解岗位情况及岗位需求。高校的勤工助学管理部门大多设有官方网站、微博和微信公众号，用于公开发布勤工助学信息，选拔和招聘合适的学生助理。大学生也可以通过院（系）学生工作部门了解学校相关用人部门的需求。

（二）思想准备

勤工助学与求职不同，大学生在参与勤工助学活动之前应当明确参与目的，将勤工助学视为改善经济条件、积累实践经验的机会。要根据实际选择合适的勤工助学岗位，避免过分追求经济报酬。在参与勤工助学前，应正确认识个人长处和短处，根据个人实际情况选择与自己能力相近的应聘目标，避免盲目自信或过分自卑，以正确的方式和良好的心态对待工作，方能走上勤工助学的正轨。

此外，在参加勤工助学面试前，还应消除紧张心理，提前练习自我介绍和应聘面试技巧，掌握岗位需求，树立自信，积极应对。

（三）科学计划

在规划和参与勤工助学活动时，大学生首先要充分考虑学业课程，科学合理地安排工作时间；其次要明确岗位职能，根据实际选择合适的岗位；还要注重在劳动中培养个人综合素质，有目的地提高自身能力与修养。尽力做到正确处理勤工助学与学业之间的关系，正确处理改善经济现状和个人成长成才之间的关系，让勤工助学活动与生活、学习安排相互协调，互利并进。

第二节 勤工助学的意义

党的十九大报告指出，注重扶贫同扶志、扶智相结合，这一要求具有很强的现实针对性。扶志以自强，扶智以自立，在高校大学生的资助和育人工作中，"扶贫＋扶志＋扶智"同样具有很强的现实指导意义。新时代，高校资助理念已经从保障性资助转变为发展性资助。在发展性资助理念指引下，高校勤工助学便是践行"扶贫＋扶志＋扶智"要求不可或缺的发展性资助育人方式，对完善高校发展型资助育人体系，以实践促进学生健康成长成才，实现"扶志自立、扶智强能、开启自信人生"具有重要意义。

一、完善资助体系，实践扶困助学

勤工助学是学校学生资助工作的重要组成部分，是扶贫助困的重要方式。党和国家十分重视学生资助工作，随着我国社会主义市场经济的建立和完善以及高等教育改革的不断深化，为保证学生不会因贫失学，我国在本、专科生教育阶段建立了国家奖助学金、国家助学贷款、勤工助学、困难补助、学费减免、学费补偿贷款代偿、新生入学资助、"绿色通道"等多元混合的资助政策体系。在这些资助措施中，勤工助学按照"学有余力、自愿申请、信息公开、扶困优先、竞争上岗、遵纪守法"的原则，组织学生利用课余时间通过劳动取得合法报酬，用于改善自己的学习和生活条件。由此可见，勤工助学是帮助大学生扶困助学的重要方式，是高校资助政策体系的重要组成部分，对完善高校发展性资助育人体系具有积极的推动作用。

学生在参与勤工助学活动过程中，既能通过劳动减轻经济负担，又能在劳动中得到成长锻炼，这充分说明勤工助学活动是一种具有发展性的资助形式，很好地发挥了扶困助学的功能，弥补了无偿资助金发放的短板，具有资助面广、资助力强、教育意义明显等诸多优点，进一步凸显了助学的公平性和精准性。每一所大学都有一群从不向家里要钱的大学生，他们通过国家和学校的奖助学金以及自己长期坚持勤工助学获得的报酬，既在一定程度上解决了自己大学期间的学费和生活费问题，又用知识和勤奋改变了自己的命运。

二、提升扶志能效，实践立德感恩

勤工助学有利于大学生树立正确的理想信念、劳动观和价值观，是实现扶志自立的重要抓手。通过参加勤工助学，学生可以自行选择岗位、接受培训、开展工作，提前进入职业工作者的角色，扩大视野和接触面；同时有助于体验竞争、开展规划和决策，继而理性地对职业生涯进行思考，从而确立理想和目标。用辛勤劳动换来报酬，可以让学生切身体会到工作的内涵和意义，促使学生立志自强，树立正确的劳动观和价值观，从而珍惜劳动成果、增强节俭意识。家庭经济条件不应该成为广大青年学生树立正确理想信念的绊脚石，相反，学生应该借助这股力量，积极推动自己投身到劳动和实践中去，将自己的理想与中国梦结合起来，通过勤工助学实现人生价值。

实践是认识的基础，并对认识起着决定的作用。绝大多数学生入学前缺乏实践历练，更多的体验来自课堂学习，习惯被动跟风，缺乏主动性和思考。勤工助学"有偿劳动"的特点可以提升扶志能效。在勤工助学活动中，学生获得的报酬是通过劳务有偿换取的，如此可以培养学生依靠劳动解决困难、通过劳动获取回报的意识，杜绝"等、靠、要"的惯性思维，帮助学生形成独立人格。

学生在参与学校管理和服务中，增强了主人翁意识，提高了主观能动性，从被管理服务者的角色转换为提供管理和服务的工作者角色，更能体会当中的不易，懂得珍惜工作的成果。角色的转换会促使学生学会换位思考，促进认知的客观性和全面性，从而开始学会理解和感恩。积极参加勤工助学活动的大学生，往往是大学校园里最懂"感恩"的一个群体，他们或看望照顾孤寂老人，或到大山里参加义教活动，或担任"阳光心使"为师弟师妹们排忧解难，他们以实际行动表达感恩之心，竭尽全力地帮助弱势群体，是传递社会正能量的榜样大学生。

三、提高综合素养，实践扶智强能

勤工助学有利于学生提升综合素质、专业素养和创新创业能力，有助于大学生扶智强能。对于用人单位而言，专业学习成绩的好坏不是选人用人的唯一标准，个人综合素质也是其主要考量依据。这些综合素质包括专业知识技能、组织沟通能力等可迁移的技能以及创新意识、责任心等内在品质。学生在勤工助学活动中不管从事哪种类型的具体工作，都与某些知识领域和技能要求相联系，在开展工作过程中，专业意识、职业意识和竞争意识会逐步提高。在参加勤工助学活动时，学生可以将实践活动与自身特点相结合，更好地完善自己的知识储备，并从中锻炼如社会交往、沟通协调、组织管理等各方面的可迁移能力。这个过程中遇到的问题以及挑战还能够锻炼学生面对困难时的意志和思维能力，使他们在未来的生活与工作中能够更加有效地解决问题。这些都充分说明，勤工助学能够提升学生的综合素质和就业竞争力，为他们扶智强能搭建起了很好的平台。

一些高等院校在工学结合模式下建起了勤工助学基地，将勤工助学融入各种实训车间、教学工厂等实践教学形式中，做到两者有机统筹、结合开展。对这类勤工助学岗位，学生往往也更加乐于报名参加。在这类岗位上，他们能充分发挥自己所学的知识和技能，将理论与实践相结合，在实践中体会知识的运用、补充和完善，并运用自己的知识和能力创造性地解决工作中的各种问题。这个过程既满足了校企合作的实训基地对专业技能人才的需求、降低了用人成本，又为学生专业素养的提升和创新意识的树立提供了良好的机会。同时，大学生在勤工助学的过程中能与不同类型的人交流，充分锻炼自己的社交能力，并学会客观认识到自身的不足、从失败中总结经验，丰富了人生阅历，为将来的就业或创业积累下宝贵的经验。

四、学会正视自我，开启自信人生

勤工助学有利于学生增强自信、提高心理素质，是帮助大学生"内心自强"的重要法宝。许多参加勤工助学的学生或者来自经济条件困难家庭，或者自身能力不足又渴望得到尊重，他们承受着一定的经济或心理上的压力，有的甚至因家庭经济条件而产生自卑心理，因能力有限而不敢融入集体。部分学生因为比较敏感脆弱，自我认识、自我评估不足，导致出现一定的心理问题。

首先，勤工助学活动为学生提供了与人交流、融入集体的机会，帮助他们正确认识自我，引导他们勇于正视困难，克服自卑心理，培养积极乐观的人生态度。其次，勤工助学活动能够增强学生的交际能力，帮助他们敞开心扉，使他们不再自我封闭，保持心理健康。最后，勤工助学活动还能提高学生的社会适应能力，促使他们学会倾听、冷静控制情绪、消除偏激心理、客观公正地看待人和事。

每年毕业季时，总会出现一个特别的现象：那些在大学期间参加过勤工助学活动的毕业生，往往能比较快地找到工作。这个现象背后的逻辑是：大学期间的勤工助学活动能够让大学生从害怕群体到融入集体、从害怕跌倒到勇挫困难、从害怕表达到自信交流。这充分说明，勤工助学的劳动和实践教育可以帮助学生融入集体，使其能够肯定和欣赏自己，树立自信心，成为"心理自强"的健康社会人。

第三节　高校勤工助学的岗位设置

一、高校勤工助学岗位设置的现状

随着国家对助学工作的重视，各高校在勤工助学岗位设置上也力求科学合理，充分发挥勤工助学的功能。这主要体现在三个方面：一是岗位设置覆盖面较广，充分考虑了学科和专业性范围，兼顾劳动与智力服务类型以及校内和校外岗位等，目的是使不同类型的申请者能够找到合适的岗位。二是目前各高校设置的勤工助学岗位，学生申请、参与的积极性高，绝大部分高校勤工助学岗位都供不应求。三是岗位设置充分考虑了育人功能，不仅仅是着眼于劳动服务或者岗位补助，高校更立足于通过勤工助学岗位锻炼学生实践、劳动、服务、技能、创新等综合能力。四是岗位设置充分保障学生的合法权益，教育部有关文件对勤工助学岗位招聘原则、工作时限、薪金计算等都做了明确要求，各高校基本严格按照文件执行，充分维护学生合法权益。

但是，目前高校勤工助学岗位设置上也存在一些不足：一是勤工助学岗位质量较低。当前高校设置的勤工助学岗位的技术含量不高，多以简单的体力劳动或服务工作为主，大都基于工作时间计算报酬，对工作质量要求相对不高。二是勤工助学岗位数量偏少。由于受资金、学校规模等因素的限制，高校一般根据实际工作需要设置勤工助学岗位数量，提供的勤工助学岗位数量有限，学生获得勤工助学岗位的机会不易。三是岗位管理不够科学规范。从目前各高校情况来看，勤工助学岗位设置的具体要求不够细化，缺乏有效的监管机制，勤工助学的岗位工作培训及奖励、退出等方面还不够明确。学生在参与勤工助学工作过程中缺少有效的指导，给高校勤工助学的发展也带来了一定的阻力。

二、高校勤工助学岗位设置的原则

改革岗位设置、创新高校勤工助学是一项复杂的系统工程，要把培养大学生的学业水平和科研创新能力纳入勤工助学岗位设置范畴。

（一）重视岗位质量，旨在锻炼学生

学校应积极开发校内资源，保证学生参与勤工助学的需要。校内勤工助学岗位设置应以校内教学助理、科研助理、行政管理助理等为主。校内勤工助学活动岗位的设置以协助院（系）和学校党政、教学、教辅、科研、后勤服务等部门进行助教、助研、助管及后勤服务活动为主，提倡设置能锻炼和培养学生能力、专长的勤工助学岗位，不得安排学生参加可能危害学生安全、伤害学生身体和影响学校正常学习、生活秩序的勤工助学活动。

（二）规范工作时间，保证工作效果

勤工助学岗位既要满足学生需求，又要保证学生不因参加勤工助学而影响学习。学生参加勤工助学的时间原则上每周不超过 8 小时，每月不超过 40 小时，寒暑假勤工助学时间可根据学校的具体情况适当延长。同时，为保证勤工收入，按照每个家庭经济困难学生月平均上岗工时原则上不低于 20 小时为标准，测算出学期内全校每月需要的勤工助学总工时数（20 工时 × 家庭经济困难学生总数），统筹安排设置校内勤工助学岗位。

（三）注意教育引导，强化育人作用

设立校内勤工助学岗位是学校关心和帮助家庭经济困难学生的重要举措。学校各单位可根据本单位的工作性质、工作内容和实际需要设立适宜大学生开展勤工助学的岗位。通过勤工助学实践活动，培养学生自立自强的精神和良好的职业素养，树立正确的劳动观念，增强学生的实践能力，全面提高学生的综合素质，营造资助育人、管理育人、服务育人的良好氛围。

三、高校勤工助学的岗位类型

按照工作时限，勤工助学岗位可分为固定岗位和临时岗位。固定岗位是指持续一个学期以上的长期性岗位和寒暑假期间的连续性岗位；临时岗位是指不具有长期性，通过一次或几次勤工助学活动即完成任务的工作岗位。

按照工作场地，勤工助学岗位可分为校内勤工助学岗位与校外勤工助学岗位。校内勤工助学岗位主要围绕服务教学、科研、管理、后勤工作及其他公益活动而设置；校外勤工助学岗位主要经学校助学部门审核发布提供的校外企业兼职工作岗位。校外勤工助学岗位一方面可弥补校内勤工助学岗位的不足，进一步满足家庭经济困难学生减轻经济压力的需要；另一方面可以锻炼学生在校外实际工作岗位的实践能力。

四、勤工助学岗位设置的改革与创新

随着高校后勤社会化改革、人事代理等工作的推进，学生从事保洁等劳动服务的勤工助学岗位逐渐减少，对原本有限的岗位数量进行了缩减，但换个角度说，这也是淘汰了质量相对不高的岗位，这就要求高校应改革管理体系，对勤工助学岗位设置进行创新，使之与培养学生创新能力有机结合。

（1）高校应结合学校实际及相关设岗单位（部门）需求情况，依年度预算统筹核定设岗单位岗位类型及数量，明确岗位要求及工作内容、岗位类型、岗位性质等信息，并及时予以公布。

（2）要科学合理设置本单位勤工助学岗位，让岗位不仅能为学生提供劳动报酬，而且成为培养学生、锻炼学生的平台。在设置岗位时要保障学生利益和人身财产安全，切勿将勤工助学岗位学生变成顶岗工作人员。在设置岗位时要确定专门指导老师，制定安全教育方案和岗位培训计划。

（3）校内勤工助学岗位要区别于学生干部、青年志愿者。相关单位不能将岗位设置为既能享受学生干部待遇，又能获得劳动报酬的岗位，不能将从事公益服务的青年志愿者活动设置为勤工助学岗位。

（4）对学生从事的校外勤工助学岗位进行动态管理和监督，了解和收集用工单位或个人对受聘学生的服务态度、工作质量、知识与能力水平的评价意见，建立学生勤工助学岗位资料库，并调解学生与用工单位或个人之间的矛盾纠纷，依法维护学生的正当权益和学校声誉。

第四节　大学生如何正确处理勤工助学与学习的关系

一、大学生处理勤工助学与学习关系的现状

自勤工助学出现以来，勤工助学便在帮助大学生自立成才，将所从事的"勤工助学"活动与专业知识的学习和综合能力的培养紧密结合，促进个人的全面发展方面发挥了重要作用。随着时代的发展、社会的进步，勤工助学的内涵得到丰富和充实，从纯粹的"经济功能"向"人的全面发展教育功能"转变，对学生的思想政治教育与专业技能提升成效显著，尤其是对构建和谐校园与和谐社会有着积极的作用。

但是，"工"与"学"如何齐头并进成为参加勤工助学学生面临的实际问题。有调查表明，大部分学生将积累实践经验、提升综合素养作为参加勤工助学活动的主要动机之一，能够做到"工""学"兼顾，以"工"促"学"，在实践中打开了视野、丰富了理论知识、增长了实践能力，勤工助学在发挥了经济功能的同时也充分发挥了育人功能，实现了双重功效的最优化效果。但在实际工作中，也有部分学生不能正确处理"工"与"学"的关系，不看重在勤工助学过程中得到锻炼的无形价值，甚至有人因"工"废"学"。因此，大学生在学业生涯中做到正确处理勤工助学与学习的关系变得尤为重要。

二、大学生处理勤工助学与学习关系存在的主要问题

高校勤工助学是一项复杂的系统工程，大学生在处理勤工助学与学习关系上主要存在以下三个方面问题。

1. 对勤工助学与学习关系的认识存在偏差

新时代高校的勤工助学工作作为学校立德树人工作的一部分，其任务不再仅仅是"解困"，更在于"育人"。在实际工作中，部分同学认为家庭困难的学生才需要参加勤工助学；部分学生认为勤工助学会与学习相对立、相冲突；还有部分学生则本末倒置，一味追求勤工助学带来的经济收益，忽视了学习才是学生的主业，这都是由片面的思想认识造成的错误观念，是因为没有认识到勤工助学的育人效能、没有看到勤工助学在综合素质培养及人格完善方面的重要作用而导致的错误观点。

如果学生没有将勤工助学作为激发自身潜能、提高社会认知、学习社交技能的有效途径，那么他们对勤工助学岗位的选择也会存在偏差。勤工助学作为大学生社会实践的一种有效模式，其不仅能缓解经济压力，更重要的是有助于促进学业、培养综合能力，提高学生对自我价值的认识，强化对社会的责任感。

2. 对勤工助学与学习的时间管理不到位

要做到学习与兼职齐头并进，合理安排时间是重要一步。调查报告显示，有部分学生因为兼职工作而影响了自己的专业学习，有的学生因兼职而出现过缺课，有的学生则错过了讲座和校园文化生活。在社交和生活方面，有的学生因为兼职而挤压了社交活动、睡眠、休闲、运动等方面的时间。对勤工助学与学习的时间管理不到位，会对大学生的学习和生活造成影响、大学生应协调好勤工助学与学习、生活的关系，切忌本末倒置。

3. 对勤工助学与学习的规划意识淡薄

勤工助学有利于大学生提高就业能力，促进职业生涯发展，但大部分学生缺

乏根据个人职业生涯规划选择适合勤工助学岗位的意识。勤工助学岗位种类繁多，如果未能选择适合自己的岗位，工作和专业学习产生分离，将较难实现教育和生产劳动的良好结合，无法实现专业学习—勤工助学—专业学习的良性循环。若能提前做好规划，选择与专业相近或相通的岗位，则既能高效率完成工作，又能运用工作实践经验指导专业学习。

三、高校和大学生应正确处理勤工助学与学习的关系

勤工助学与学习之间是可以相辅相成、多方协调、齐头并进的。从高校与学生的角度出发，高校可以从顶层设计以及管理的宏观角度出发处理二者关系，大学生可以从个人具体实践的微观角度出发处理二者关系。

（一）高校要完善勤工助学体系和机制，做好管理和指导

立德树人是教育工作的根本任务，也是学生资助工作的"初心"所在。勤工助学是学生社会实践的重要形式，也是学生深化并运用理论知识学习的重要途径，高校作为勤工助学系统的重要执行者，做好管理与指导工作至关重要。高校应从制度管理、积极引导、联动社会的角度出发，把勤工助学工作作为日常管理工作的重要内容，并以"劳动和教育相结合"的教育理念引导学生积极开展各项勤工助学活动。

1.完善制度，科学管理

制度建设是实施勤工助学科学管理的根本保证，要不断完善学校勤工助学管理制度和工作制度，加大对勤工助学的规范化建设力度。高校通过完善《大学生勤工助学管理办法》，明确学校勤工助学部门的工作职责和学生参与勤工助学的任务，明确勤工助学人员的岗位申请制度、培训制度、聘用以及考核制度等。为引导学生正确处理学习和工作的关系，高校在对学生的考核中，对在勤工助学活动中工学兼顾、表现突出的学生，可以给予适当的表彰和奖励；而对于学业受到影响的学生，应进行适当干预，减少学生的工作岗位数量或兼职时间。

高校要实现勤工助学育人的目标，就必须在制度建设、规范管理上下功夫，唯有如此，方能保证勤工助学活动的持续性和实效性，实现对学生的有效监督，学生的各项能力才能得到均衡发展。

2. 指导抉择，避免冲突

社会上的职业有千万种，但适合学生勤工助学的不一定很多，学生需要的是一份安全可靠、花费时间较少、劳动强度适中、与专业相关联的工作。高校指导学生选择岗位时要坚持适合和适量的原则。

适合是指选择和自己爱好、专业相近的岗位来兼职。例如通过职业生涯规划课程引导学生逐步在符合自身的职业上下功夫，如有志于从事计算机类行业的学生可以关注学校信息中心网络信息管理之类的岗位，让勤工助学与专业学习同向而行。

适量是指对工作的时间进行适当限制，高校应规定在校大学生一周最高的兼职时间，避免"勤工"与"助学"失衡，影响学生正常上课，最终耽误了学业。学生勤工助学的时间所占比例不能过大，时间安排必须合理。作为管理者，应该建议学生将勤工助学的时间安排在周六、周日，或是没有课程的上、下午等，这样的安排与正常上课没有冲突，也不会因花费过多精力而影响第二天的正常学习，还有一定的时间可以完成每日的学习任务。

学校要引导学生选择合适的岗位，树立正确的职业观，坚持把学业放在首位。勤工助学期间，大学生可以积累相关工作经验，这将有利于学生顺利完成从学生到职场人的角色过渡，尽快适应工作。因此，学校应当重视学生的个人职业生涯规划，关注学生就业能力培养。

3. 联动社会，开拓岗位

社会参与是对高校勤工助学体系的有益补充。社会各界积极参与，共同协助政府、学校及个人创建一个有助于促进勤工助学发展的科学体系，是持久开展勤工助学活动的生存之义和发展之道。高校可以加强与校外企业或单位的联系，通过校企合作开拓勤工助学岗位，解决校内岗位供给不足的问题，实现校企双赢。

结合高等院校的特点，基于校企合作的校外兼职是勤工助学活动的不错选择。学校可以采用订单培养或顶岗实习的方式与企业合作，企业通过面试选拔优质生源，开展培训并依据一定的标准发放酬劳。如此，一方面能加强学生的专业学习，培养实操能力，增加社会实践经验，缓解经济和就业压力；另一方面企业也降低了用人成本，可以解决部分用工需求。

（二）大学生正确处理勤工助学与学习关系的建议

1. 提升认识，巧于规划

勤工助学是带有主观能动色彩的自我提升活动。大学生参加勤工助学活动，首先在思想上对勤工助学要有正确的认知。勤工助学是学生成长成才的重要途径之一，唯有将其与自身的职业生涯规划结合在一起才能更好地促进成长。研究表明，明确职业规划路径的学生对勤工助学活动有着更为正确的认知。

其次，要正确认识自我。大学生可以借助专业的职业生涯测评工具，对自身潜能、兴趣爱好、特长等进行主动探索，对自我形成正确的认识，进而形成正确的劳动与学习的理念，则参与勤工助学活动时将更为坚定。在现实生活中，一个能清晰认识自我的学生，在价值取向多元化的今天更能够坚守立场。

最后，大学生在参与勤工助学实践活动时要把握规划的主动权，根据对自己的能力与职业价值观等的分析，结合劳动内容，把握当前学业，思考未来创业就业，把勤工俭学岗位中的实践经验与毕业之后的规划相联系，把个人所学的专业与勤工俭学岗位的工作内容联系起来，有计划地迈出第一步。事实证明，自我规划做得好的学生，在勤工助学活动中更有底气，最终也能取得更大的进步。

2. 主动参与，乐于实践

勤工助学是大学生社会实践活动的一种形式。2004 年，中共中央、国务院《关于进一步加强和改进大学生思想政治教育的意见》中指出，"社会实践是大学生思想政治教育的重要环节，对于促进大学生了解社会、了解国情，增长才干、奉献社会，锻炼毅力、增长品格，增强社会责任感具有不可替代的作用"，该意见指出大学生应积极参加包括勤工助学在内的各项社会实践活动，在实践中接受勤工助学的特殊教育。实践是检验真理的唯一标准。学生应当主动以劳动者的身份投入勤工助学实践，只有在实践中才能真切地体验社会劳动以及职场活动，只有在实践中才能真实展现校内的专业学习与工作的关系。

3. 注重协调，善于学习

勤工助学与学习的关系需要协调处理。勤工助学的主体是学生，学生的首要任务是学习，在高等院校中学生每个学期的课程、实训以及实习的时间不是固定的，勤工助学的时间与学习的时间需动态调整以适应双方的需求，参与勤工助学的学生需要直面二者之间存在的冲突，权衡轻重，科学判断，重视协调，在协调二者关系的过程中学会用全面的视角看待问题。同时，可虚心学习他人的先进经验，例如低年级勤工助学的学生可向高年级学生学习协调"工"与"学"之间的关系，向先进的榜样学习，通过汲取优秀经验，使自己以开阔的眼界去审视勤工助学的岗位，站在经济社会发展和个人发展相结合的角度，正确处理"工"与"学"的关系。

4. 重在行动，勤于总结

勤工助学是一项在行动中综合提升个人能力的活动。当前，高校勤工助学育人体系的建设主要由政府、社会、高校和学生共同参与，这是一个长期实践、总结、提升的过程。每一个学生的勤工助学活动都是一次生动的实践，在行动中需要进一步归纳总结，以探索处理勤工助学与学习更为合理的路径。在处理勤工助学与学习关系的过程中，善于自我反省与自我总结，将好的经验留下、不好的经验去除，在个人的实践中总结提升；通过参与学校勤工助学建设、育人模式等方面的课题研究，增强发现问题、分析问题和解决问题的能力，提高学习和研究水平，并以研究促进实践、提高工作的专业化程度。

第八章 新时代大学生劳动教育的实施与创新路径

第一节 劳动教育的理论课程建设

　　劳动教育是学校教育工作的重要组成部分，历来受到重视。但目前的学校劳动教育仍存在不够重视劳动价值观教育、劳动教育未真正进入课堂教学层面、劳动教育缺乏长期规划和整体规范等问题。对学校而言，解决这些问题的可控因素则主要反映在课程体系方面。落实新时代劳动教育要求，提供给学生学习劳动、参加劳动、体悟劳动的机会，这些均需要学校进行系统改变，即劳动教育应当反映在学校课程体系中，成为其中的重要内容。

　　通过课程体系落实劳动教育是一项系统化的工作，应注意一系列挑战。一则，学校单门的劳动教育课程较难兼顾劳动精神、劳动技能、劳动品质等各方面，需要架构体系来整体满足综合性、实践性、开放性、针对性的劳动教育课程特征要求。二则，不少学校以应付的方式开展劳动教育，易使之散点化，各类课程、活动之间鲜有明显联系，而缺少系统规划的劳动教育内容易重复和矛盾，影响劳动教育的效果。三则，如何调整已有学校课程体系，兼容学科课程、校本课程、专题活动等学校已有的课程基础，使其既能够符合整体要求，又可以彰显学校特色，尚无一致的意见。因此，怎样建设劳动教育课程体系以在已有课程体系基础上落实《意见》中的具体要求，值得我们深入地思考和探索。

一、劳动教育课程体系的应然特征

建设劳动教育课程体系，我们首先需要思考其应然特征，以持续落实新时代劳动教育的要求，并逐渐提高学校内劳动教育的效果。

（一）系统、稳定融入已有课程

新时代劳动教育要求需要进入课程体系之中，与已有课程体系进行融合，构建出稳定的新体系。

这一融入的过程可以从两个方面来思考。一方面，构建课程体系需要考虑已有课程体系的基础。新课程体系的建构一定不是对已有课程体系的剧烈颠覆，而是在梳理已有经验和做法基础上的补充和完善，采用渐变调整的方式不仅可以吸纳已有体系的优点，也能使转变更易于被接受和操作。另一方面，构建课程体系是一个融合演进的过程。在初始课程体系中找到可以纳入新时代劳动教育要求的课程要素，通过重构、改造、完善等方式融入劳动教育的新内容，融合生成新的课程要素，并以此为基点，与体系中的其他课程要素形成联系，以点带面地促进整个系统的演进。

（二）纵向、横向联通各类课程

从学生角度来看，其所接受的劳动教育是贯穿整个学习生涯的，融在各种学习经历之中。学生得到持续、一致的劳动教育机会越多，就越能获得劳动观念、劳动能力、劳动习惯、劳动精神等方面的发展。由此，构建的劳动教育课程体系就需要在不同学段、不同课程上保有一致性，具有纵向衔接、横向协同的特点。

在纵向上，不同学段劳动教育的内容应各有侧重、循序渐进。从义务教育阶段来看，小学段的劳动教育课程应针对学生认知、情感等发展有限、学习和生活经历不足的特点，更注重对劳动教育的启蒙，使其体验劳动，悦纳劳动，并可以由己及人地初步形成尊重劳动成果的意识。初中段则更多要强调学生能够掌握必要的劳动技能，完成复杂的劳动任务，并能够促使其在精神层面认同并热爱劳动。同时，在劳动观念、能力、习惯、精神等层面上，不同学段的课程也应相互呼应，一则避免无效重复教育，二则使新的教育发生在旧的教育基础上，递进层次、提高效率。

从横向上，学生同时期经历的课程、活动应形成协同。可以是国家课程与地方、校本课程的协同，也可以是学校课程和学校活动的协同，还可以是校内和校外的协同，进而使劳动教育的不同侧面反映在不同课程中，达到课内外、校内外的"融合实施"。由于不同课程与活动在劳动教育的内容、方式上各有侧重，若规划调配得当，既可互补又可相互彰显，使学校课程体系产生协同劳育的效果。为此，一是可以在劳动教育课程体系中组建起不同的课程链和课程群，以模块化的方式来促成协同的效果。二是可以通过建设若干门核心课程，形成融合其他课程的有效抓手。三是联通家、校、社，在学校课程体系中提供与校外劳动教育对接的接口，使校内外的课程和活动形成呼应。

（三）结合校情、生情彰显特色

劳动教育课程体系的建设主要还需在基础内容之上，结合校情、学情开展针对性的课程建设，并最终建设形成校本的劳动教育特色课程。一是劳动教育课程体系的架构是在已有基础上进行升级和改造的；二是劳动教育课程在建设与实施中需因地制宜地梳理和应用各类资源；三是学生生情的不同，本校学生所具有的劳动教育需求有其独特性，因此也会影响到学校劳动教育课程体系的建设。

在劳动教育课程体系中，要凸显学校自身的特色，最合适利用的空间是学校的校本特色课程。在建设此类课程时，一方面可以在梳理学校课程、师资、生情、资源等方面情况后，结合新时代劳动教育要求，持续研发学校的劳动教育特色课程。另一方面，学校也可以在已有的一些特色活动基础上进行逐步的升级、改造，孕育形成有校本特色的劳动教育课程。

二、劳动教育课程体系的模型

我们建设反映上述特征的劳动教育课程体系，关键在于重构学校课程体系中的各要素，使其各司其职的同时又能互相连通，由点及面地系统落实新时代劳动教育要求。由此，笔者构建出建设劳动教育课程体系的三角形模型。三角形模型由目标、内容、保障三个层面构成，进一步可以分成理论研究、劳动教育必修课程、劳动教育特色课程、学科融入劳动教育、支持保障等部分，几个部分之间的交叉内容构成模型中的衔接部分。这些内容使课程体系具备综合性、实践性、开放性、针对性等特点，进而确保基于三角形模型所构建起的课程体系能够更好地落实新时代劳动教育的相关要求。

（一）加强理论研究，引领课程体系建设

落实新时代劳动教育的要求，体现劳动教育课程体系的应然特征，本质上就是要重新调整课程体系的目标、内容和结构，而调整的起始在于将新时代劳动教育要求有效转化为课程体系中的新目标。课程体系建设有赖对于各类文件、文献、案例进行收集和分析，把握新时代劳动教育要求的脉络，进而转化为课程体系建设的目标和过程中所需关注的要点。对学校而言，主动开展理论研究，加深对劳动教育的理解，能起引领课程体系建设的重要作用。

新时代劳动教育核心要求的分析应主要来自《意见》。其制定与出台是对全国教育大会精神以及新时代教育思想的重要发展与落实，明确了新时代背景下劳动教育的重要目标是培养未来能参与社会主义建设过程中的合格劳动者。《意见》指出，劳动教育的目标在于培养学生正确的劳动观念和劳动精神，具备劳动的基本能力，并形成良好的劳动习惯。由此，劳动教育课程体系建设就需要在知、行、意三个方面下功夫，由知识讲授引发正确行为进而促发情感体验，在逐步巩固知识结构、塑造行为习惯、涵养情感体验的过程中，使学生理解和形成劳动价值观。此外，关于劳动教育相关概念的研究也值得引起注意，特别是需要借助加深对劳

动教育的理解，从中明确课程发展的终极发展方向。最后，还需要结合实际校情，对创造性劳动、知行合一、集体合作劳动等概念，跨领域课程、工程思维、实践类课程等均可以进行深入的探索并制定相应的标准。

（二）从三个方面充实劳动教育课程体系的内容

从目标层面向下生发，建设劳动教育课程体系的重点在内容层面。其中的关键是在已有课程体系基础上，针对不同劳动教育的目标重新调配、完善、建设相关课程内容。通过劳动教育必修课程、学科教学融入和校本特色课程三个方面，内容层面可以覆盖劳动教育课程体系的大部分核心目标：劳动教育必修课程以日常生活劳动、生产劳动和服务性劳动为主要内容开展劳动教育，起到有针对性地加强劳动教育的作用；学科课程作为日常开展劳动教育的阵地，起到全面覆盖劳动教育要求的作用；校本特色课程则结合学校实际情况，以学生最需要的、学校最有可能突破的内容为抓手形成特色，起到提升劳动教育质量的作用。

基于三个课程板块的不同定位，在构建劳动教育课程体系的过程中可以进一步明晰每个板块研究和工作的着力点。

其一，依据政策要求建设劳动教育必修课程。《意见》指出，要"根据各学段特点，在大中小学设立劳动教育必修课程，系统加强劳动教育"。在新时代劳动教育要求下设立劳动教育必修课程，一是关注课程与日常生活劳动、生产劳动、服务性劳动的结合；二是关注项目学习、贴近生活、知行合一等原则，反映课程的综合性、实践性和开放性；三是关注可选择的内容、学段差异、学生差异等，反映课程的针对性；四是关注学生技术思维、工程思维、创新思维等能力的培养。基于这些理念，学校需要研究形成劳动教育必修课程的课程目标、模块内容、课时安排、具体要求、教材、实施建议、评价方式、保障措施体系等。

劳动教育必修课程的建设并非从零开始，一些省市地区之前已设有相关的劳动教育课程。例如，上海于1988年就在全国率先将劳动技术课程纳入小学、初中及高中三个学段基础型课程，并编制了中小学劳动技术教育课程标准。因此，建设劳动教育必修课程需要做好前期的基础研究，梳理已有的经验和问题，借鉴国内其他省市地区课程的建设情况。此外，对劳动教育必修课程的研究还可以从实践活动、项目化学习、国家课程等汲取灵感、找寻方向。

其二，基于全员育人理念在学科课程中融入劳动教育。学科课程是学校中最日常、占比也最多的课程内容，且覆盖全体学生，因此在落实新时代劳动教育要求时有其天然优势。解决"在学科教学中融入劳动教育"的问题，就是要探索有效实践策略，体现全员育人的理念，逐渐研制具有借鉴价值的课堂教学案例，并提供学科教研和学校管理方面的必要支持。这方面的研究可先从思政学科、劳动技术学科、信息技术学科等与劳动教育可以产生直接关联的学科开始，逐步向其他学科辐射。可先从与劳动教育显性相关的内容或方法着手分析和完善，在研制过程中，关注知行合一、安全适度等原则，注重案例的实效性和示范性。

其三，基于学校情况建设校本劳动教育特色课程。相对于劳动教育必修课程和学科课程，校本课程是学校最能体现劳动教育课程建设自身特点的空间。一方面可以通过开发或改造的方式，综合考虑学校的各类资源条件，在学校已有的校本课程体系中构建出若干门特色的劳动教育课程。另一方面也可以在整个课程体系中整体规划，在几门特色课程之间形成联系，构建劳动教育特色课程链、课程群，产生劳动教育特色课程育人的集群效应。

（三）从衔接部分联通劳动教育课程体系

在建设劳动教育课程体系时，各个板块之间应彼此联系、协同联动落实劳动教育的要求。这样的协同最主要体现在各个板块之间的衔接部分上，具体表现在两点，包括目标层面与内容层面的衔接以及内容层面内部的衔接。

目标层面与内容层面的衔接主要体现在劳动教育最新理念与课程的结合上。其内容具有先进性，改革力度往往较强，难度较大，需要通过对特定话题的理论研究和实践试验来逐渐探索，如家校社协同劳育、工程思维培养、信息技术应用于劳动教育等话题。以家校社协同劳育为例，该项工作具有跨专业、跨领域的特点，因此由谁主导、怎样协同、如何分工等问题是横亘在我们面前的难题。为此，就需要一方面厘清劳动教育中学校、家庭和社会的关系，明确学校、家庭、社会劳动的主要内容，梳理和总结家校社系统推进劳动教育的经验和做法。另一方面还要组织文件文献研究、问卷调查和学校调研，了解学校与家庭协同推进劳动教育的现状和问题，进行家校社协同开展劳动教育的试验，特别是关注学科课堂教学和家庭作业的协同，关注社会实践、学校课程、家庭劳动的协同，甚至可以探索学校整个课程体系与家庭、社会协同的系统架构问题。

内容层面内部的衔接主要是校内课程体系之间的联系架构。一般围绕特定的劳动教育主题，可以连通学校中的劳动教育必修课程、校本劳动教育特色课程和学科课程，进行横向跨课程、纵向跨学段的劳动教育一体化实践。在这些实践中，可以是一个学科中各学段对同一个劳动教育主题的落实，也可以是不同学科之间协同联动，试验研制跨学科的教学案例。在这一话题下的劳动教育实践需特别关注教学方式和教学组织形式的变化，要用项目化学习、综合实践活动、教学情境等为抓手串联起跨学科的教学活动。

（四）搭建保障体系支持课程建设

整个劳动教育课程体系模型的顺畅运作还要在保障层面上提供有力支持。首先是在硬件支持方面，既包括劳动环境、设施设备、教学资源的基本保障，又涵盖了在此之上所进行的环境重构。事实上，若从有效提升劳动教育效果的目的出发，基于劳动教育理念内涵理解来创设校内环境并配套相关设施设备可能更为重要。在创设这些环境时，可以迁移社会工作生活中已有的劳动场景，通过设置关键的环境要素来引导学生主动投入劳动并从中获得有效的学习体验。例如，学校可以结合社会、校园生活中的热点问题形成相应主题，指导学生自主对校园中相关的区域进行打扫和创意布置，并提供相应的物资支持和方法指导。

除去硬件保障外，协调和支持参与劳动教育的各方更为重要。一方面需要创设家庭、学校、社会的协作机制，使校内劳动教育课程体系与校外劳动教育相呼应。通过对在地资源的梳理分析，为学生的校外劳动创设机会，并通过社区居委会、家委会、合作企事业单位等平台加强与校外机构的联动，打造特色活动来促进校内外一体地开展劳动教育。还有一方面是需要为教师搭建教研和师训平台以保障其对课程的胜任力。其中尤其值得关注的是设置专门的劳动教育教研岗位来推动教师对劳动教育的研究和实践。这说明劳动教育课程体系的运转需要有统筹各方人力和资源，在整体规划下逐个攻关难点，让教师理解并有效实践劳动教育，最终使劳动教育能够有效融入学校课程体系中并常态地开展。

随着劳动教育越来越受重视，教育部门、学校、社会均需尽快重新调整规划，使劳动教育课程化，成为日常育人工作不可或缺的一部分。建设劳动教育课程体系要满足《意见》中关于劳动教育课程体系的"综合性、实践性、开放性、针对性"要求，使相关课程各司其职又相互连通，形成一个系统来更好地落实劳动教育要求。对此，劳动教育课程体系建设的三角形模型可以提供相应的参考。从整个模型来看，目标、内容、保障三个层面构建起的课程体系可视作保证劳动教育质量的基础，而模型中的衔接部分则是凸显特色、提升质量的抓手。归结来讲，该模型希望通过进一步强化系统性来使课程更好地实现劳动教育的终极目标。

然而，劳动教育课程体系建设的模型仍未解决好内容和方式层面的问题。在内容上，各类课程该如何更好地反映日常生活劳动、生产劳动、服务性劳动三个方面核心的劳动教育内容要求？在方式上，劳动教育又该怎样从课程走向教学，真正进入课堂之中，其效果又该怎样评价？诸如此类的问题都是后续需进一步关注和突破的，相信随着更多深入的研究，劳动教育的课程化、科学化可以更进一步，劳动教育的总体目标可以得到最终实现。

第二节　劳动教育的实践平台建设

　　劳动教育，是学生德智体美劳全面发展的主要内容之一。但当前劳动教育在学校教育中却非常薄弱。2019 年全国两会期间，多位两会代表、委员呼吁加强劳动教育，为学生补上劳动这一课，劳动教育迎来发展的春天。劳动教育实践基地是学生开展劳动教育实践的基础和保障，是学校劳动教育的延伸和补充，是有效整合劳动资源、拓宽和创新劳动教育形式和载体的有力抓手。劳动教育实践基地作为学生开展劳动教育实践活动的基础平台，在学校、社会等方面的共同努力下，正发挥着越来越大的作用。

　　劳动教育实践基地作为开展劳动教育实践的场所，越来越受到社会各界的重视。一方面，新闻媒体的广泛关注形成了良好的宣传效应；另一方面，各地教育行政部门加大投入，给予政策支持，打破资源壁垒，加强区域内劳动教育实践基地建设。在省市区教委的统筹规划下，部分地区的中小学积极探索，建立起"北京模式""诸暨特色""富阳样板"等一批具有特色的劳动教育实践示范基地。同时，经过劳动体验，许多老师家长切实感受到了学生身上的变化，劳动教育实践基地活动受到学校师生和家长的认可。

一、警惕劳动教育实践基地的异化

　　虽然我国劳动教育实践基地目前正处于蓬勃发展阶段，但是也需警惕劳动教育实践基地的异化。

　　劳动教育娱乐化。当前，我国很多学校偶尔组织学生到田间、工厂车间或者劳动技校参加的所谓"劳动教育"，参加诸如"乡村生活体验营""下乡营""农耕嘉年华"等各类研学活动。这固然可以让学生走出课堂，体验劳动的快乐，调剂紧张的学习生活，然而这一类型的"劳动教育"，如果缺少有力的教育引导，可能就失去对于劳动、劳动过程、劳动成果及劳动者的起码敬畏。这种浮于表面的劳动教育实践实质上是一种少爷小姐式的"劳动观光"，与有价值引领的"劳动教育"相距甚远，很难真正触发学生内心深处的情感和细致的体悟，多了"观光"的娱乐，少了教育的厚重。

劳动教育形式化。一些劳动教育实践基地内容空泛，形式单一，常常混淆劳动教育和技艺学习，热衷于五花八门的劳动技术教育成果展，热衷于展示学生的手工艺作品，如金工、木工、篆刻、陶艺、剪纸、沙画、手工制作、航模……缺乏对于学生劳动观念、劳动态度、劳动习惯、劳动技能等方面的培育，存在走过场的问题，只追求形式而不注重内在效应。在这个过程中，失去了真正意义的劳动体认，学生可能会认为劳动是很轻松的事情，长大以后，绝不会像父母一样，做那么重的体力劳动，甚至还会认为父母是没有本事的。

劳动教育功利化。劳动教育实践基地过分追求外显的劳动成果，以成果作为衡量学生劳动实践的唯一标准，是我国部分学校劳动教育的现状。这种理念可能导致的结果是学生在急功近利地追逐劳动成果以及各类成果展的荣誉称号时，忘记劳动带来的成就感、幸福感、创造感以及对于劳动向往和热爱的初心，甚至不惜投机取巧找人包办代劳。这种功利化的劳动教育实践活动，使得学生在劳动中不是肯定自己，而是否定自己；不是感到幸福与愉悦，而是感到不幸与挫败。名利追求使得学生不是感到自由自觉的创造所带来的享受，而是感到无处不在的束缚与挤压。这样的功利化，达不到劳动教育的目的。

二、加强劳动教育实践基地建设

劳动实践基地建设是全面推进素质教育，培养全面发展人才的重要举措，是国家基础教育工作中的一项重要任务，是全面推进素质教育的必然选择。加快劳动教育实践基地建设，扭转重外延轻内涵的发展路径，向多层次、多形式、高质量发展，建立长效、常态机制，以劳动教育体验为基本途径，设计并组织开展内容鲜活、形式新颖、吸引力强的劳动教育实践活动，已经成为当下加强学生劳动教育的迫切需要。

深化劳动内涵，挖掘地域特色，推动劳动教育实践基地多形式发展。主要可从两方面入手。第一，深化劳动教育实践载体内涵。以往大家对劳动教育的理解，局限于工农业生产为背景的基于体力付出的物质生产劳动，劳动教育实践基地的形式往往局限于学工学农、家政实训等体力劳动形式。新时代随着脑力劳动的比重不断增加、新的劳动形态不断形成，劳动教育应不断丰富劳动教育形式，整合劳动教育资源，突破传统认识，与创造性劳动、虚拟劳动、创客思维、大数据、云计算服务等进行新的结合。第二，充分发掘劳动教育实践基地地域特色，避免"千地一面"，突出当地特色产业、传统文化、资源，把劳动教育实践基地建设融入地方政治、经济、文化发展中，因地制宜，开发具有地方特色的活动课程。

重视队伍建设，加强师资培训，助力劳动教育实践基地高质量发展。目前我国劳动教育实践基地师资队伍以非专长兼职教师为主体，稳定性不强，整体水平不高，所以建立一支数量充足、业务精、能力强、讲奉献的校内外专兼职结合的高素质专业指导教师队伍是确保劳动教育实践基地提质增效的根本保障。加强劳动教育实践基地教师队伍建设，可从以下几方面努力：支持劳动教育实践基地专设流动岗位，吸引一批具有专长的大国工匠、劳动模范等高技能人才兼职任教；建立符合劳动教育实践基地岗位特点的考核评价制度，坚持德才兼备，全面考核；加大师资培训力度，完善培训保障机制，创新培训形式，不断提高专业指导教师的育人水平。

完善制度建设，构建长效机制，保障劳动教育实践基地规范化发展。一方面，规范各级各类劳动教育实践基地的规划、建设、运转、保障制度建设，加大经费投入力度，积极探索"购买服务""校企合作""校校合作"等模式创新渠道，建立职业院校、普通高校、地方政府、中小学相结合的协同育人新机制，促进学校阵地与社会实践基地的衔接互动，推动区域合作和资源共享；另一方面，构建劳动教育实践基地质量监测制度，对劳动教育实践基地组织管理、目标实现、任务完成等制定衡量指标，加强督导，推动建立劳动教育实践基地质量持续改进机制，以评促建，以评促改，以评促强，防范劳动教育实践基地娱乐化、形式化、功利化，全面保障和提升劳动教育实践基地育人质量。

总之，新时期加强劳动教育，重视劳动教育实践基地建设，增加劳动教育实践载体，扭转重外延轻内涵的发展路径，促进劳动教育实践基地向多层次、多形式、高质量发展，是全面贯彻党的教育方针的基本要求，是落实立德树人根本任务的有效途径。

第三节　高校劳动教育的创新路径

新时代劳动教育的转型需要从高校教育环境中实现，对于个人发展而言，学校劳动教育占据着重要位置。劳动教育课程化构建是符合高等教育发展规律的，同时也是顺应学生发展需求的。劳动教育课程化需要赋予劳动教育新的时代内容，同时也要紧紧抓住劳动教育的本质。

一、深化学生对于劳动实践的价值认知，将劳动教育融入相关学科教学中

劳动教育课程需要引导学生深刻地了解到，劳动实践创造了社会和社会关系，同时也创造了人的道德性。劳动实践能够创造商品的使用价值和本身价值，而对于商品价值的追求以及劳动价值的创造则需要个人以道德作为评判标准。劳动实践能够推动人的认识，这是保持社会创造力、创新力的源泉。高校劳动教育课程的构建首先是要确立课程目标，引导学生明确劳动实践的价值，以劳动教育推进学生的全面发展。高校教育的根本任务在于立德树人，那么在劳动教育课程目标的制定中，应当明确宏观育人目标和微观推进学生劳动实践的具体规划。劳

动教育课程应当引导学生实现劳动教育下自我发展和社会发展，一方面要以劳动实践和劳动教育不断提升自己的能力、完善自身的品格，另一方面高校也需要引导学生积极开展社会性劳动实践，不断创造劳动实践的社会价值。高校劳动教育课程应当将重心从课堂教学转向实践教学、由劳动实践能力教学转向劳动素养教育，不断提升学生的发展能力，推进学生劳动实践和劳动教育下的道德发展。学生需要从自身发展需求出发，将劳动教育的具体内涵融入自己专业学习当中，以劳动教育构建起专业学习和实践的目标、态度、能力等，从而不断创新和提升自己的专业社会实践能力。高校应当重视对于劳动教育知识内容的构建，将劳动教育同专业学科结合，既实现劳动教育的价值引导教育功能，同时又避免了劳动教育课程的空洞无物。学生开展劳动实践，需要以一定的专业学科知识和劳动实践理论为基础，从而确保劳动实践的专业化，并且在专业学科的社会实践中，学生可以实现劳动教育知识的迁移和创新，能够不断推进专业实践社会价值的实现。高校劳动教育实际上为学生提供的是实践态度和实践能力的积淀引导，而不是给予具体的劳动实践技能，学生劳动实践和劳动教育的效果需要在自身的专业社会实践中得以体现，劳动教育能够为学生的专业社会实践提供一种实践价值、态度、方法上的指引，不断提升学生的实践力，并且推动学生在劳动实践中提升自己的学习力和创新力，也不断优化学生实践中的劳动态度和劳动价值观。

二、推进劳动教育课程教学与实践的统一

随着时代的发展，劳动实践对于劳动教育产生了新的要求，学校教育体系下的劳动教育应当以学生的人格发展为基础，以学生的职业发展为导向，强调学生劳动实践的方向性和目的性，引导学生在自己擅长的专业学科中进行劳动实践和创新。高校要根据社会产业发展的要求，科学化规划专业学科的教学，引导学生以更多的精力投身于劳动实践需求量大的产业和行业发展当中，从而实现自己更大的劳动实践价值。高校劳动教育课程要不断丰富教学内容，并且不断推进劳动

教育课程内容的生活化，引导学生在生活中充分运用劳动教育的理论，从而实现个人在劳动实践和劳动教育中的全面发展。高校劳动教育课程内容需要围绕着学生发展实现理论教学和实践指导的均衡性、科学性和关联性，要求学生既要重视对于劳动教育内容的学习，同时也要在自身劳动实践中不断反思，建立起科学的劳动实践观和道德观。劳动教育课程不同于一般的学科教学，对于劳动实践价值的解读能够在劳动历史实践的具体事件中获得，以具体的劳动实践案例引导学生建立起正确的实践观，这样能够帮助学生建立正确的历史观和价值观，并且能够有效地分析劳动实践形式的有效性和利弊性，从而更好地选择劳动实践方式，明确劳动实践的价值。高校劳动教育要实现学科化，在课程教学中强化其劳动教育学科的教学和实践特色，并且以不同专业学科教学内容为依托，提炼出在不同学科中劳动教育的理论内涵和实践内涵，从而不断深化学生对于劳动实践和劳动教育的认知，推进学生专业学科的劳动实践创新。高校劳动教育课程的特殊性在于，劳动教育强调的是对于学生劳动认知观念的引导，但是这种认知观念带有实践属性，它能够推动学生改变自己的专业知识应用方式和个人的实践心理、实践行为，从而不断完善学生的劳动实践品格，推进学生专业学科的劳动实践发展。高校劳动教育课程应当提供相应的劳动技能培训，以劳动实践为导向，引导学生开展具有社会意义的专业实践和个人生活实践，这不仅能够提升学生专业学科实践的社会价值，同时也能够推动学生的社会服务，从而实现高校劳动教育的育人效果。

三、优化劳动教育教学环境，完善对于学生发展的引导和评价

高校推进劳动教育需要以劳动教育课程目标为基准，不断优化和调整课程内容，并且优化教学资源，以建立科学化的劳动教育的教学情境，从而推进学生的学习和参与。高校要针对劳动教育的特色，突出课程教学的实践性，以劳动实践的内涵、特质深化对于劳动教育理论和实践的探究，引导学生在体验式教学中培

养自己的劳动实践技能和劳动习惯，从而建立起健全的劳动人格。学生在劳动教学课程实践中既能获得对于劳动实践的深层次理解，加深对于自身实践能力和自身人格的发展，同时也能在劳动教育教学实践中加强人际交往能力和协作能力，这有利于促进学生创新思维的发展，推进学生劳动实践的创造性。高校需要组建劳动教育教师队伍，为劳动教育课程教学提供专业指导。劳动教育教师既需要具备相应的专业学科教学能力，同时也要掌握一定的实践经验和实践能力，从学科和劳动实践两方面开展劳动教育教学能够提升学生的专业实践力。高校要积极推进专业学科教师对于劳动教育理论的深入研究，加强劳动教育的学科特色，只有这样才能实现劳动教育教学的体系化、科学化，才能更好地以劳动教育理论指导专业教学实践的开展。高校对于劳动教育教师人才的引进，要符合劳动教学课程教学的特色，不拘一格，积极吸纳社会、企业实践人才参与到劳动教育课程教学中，为学生提供第一手的劳动实践经验，从而不断提升学生的劳动实践质量，提升学生劳动实践成果价值。高校对于学生劳动教育实践的开展，要重视考核和反馈，实现劳动教育课程考核的标准化，在课程内容评价量化的引导下，高校能够更加明确劳动教育课程与学生专业实践、自身发展需求的契合性，从而不断调整劳动教育课程教学的内容和教学形式，以劳动教学不断提升学生的综合素养，实现学生的全面发展。

参考文献

[1] 夸美纽斯. 大教学论 [M]. 傅任敢，译. 北京：教育科学出版社，1999：24.

[2] 韩秋红，等. 现代西方哲学概论 [M]. 北京：北京大学出版社，2010：91-94.

[3] 尼采. 看哪这人 [M]. 北京：中央编译出版社，2001：106.

[4] 班建武. "新" 劳动教育的内涵特征与实践路径 [J]. 教育研究，2019,（01）：21-26.

[5] 王江松. 劳动哲学 [M]. 北京：人民出版社，2012：50.

[6] 孙正聿. 属人的世界 [M]. 长春：吉林人民出版社，2007：8，8.

[7] 帕斯卡尔. 思想录 [M]. 何兆武，译. 北京：商务印书馆，1986：7.

[8] 李珂. 嬗变与审视：劳动教育的历史逻辑与现实重构 [M]. 北京：社会科学文献出版社，2019：220.

[9] 黑格尔. 小逻辑 [M]. 北京：商务印书馆，1980：36.

[10] 瞿葆奎，雷尧珠，余光，黄荣昌：中国教育改革 [M]. 北京：人民教育出版社，1991：250.

[11] 颜习斋. 存学篇·卷二·性理书评. 转引自梁启超. 中国近三百年学术史 [M]. 北京：人民出版社，2008：124-125.

[12] 张烁. 在学生中弘扬劳动精神 [N]. 人民日报，2020-04-02（05）.

[13] 黄琼. 新时代加强劳动教育的价值与实现路径 [N]. 中国教育报，2020-

04-14（08）.

[14] 陈宝生．全面贯彻党的教育方针，大力加强新时代劳动教育 [N]. 人民日报，2020-03-30（12）.

[15] 姜大源．刍议新时代劳动教育的时空构建 [J]. 国家教育行政学院学报，2020，（06）：45，45，45，45.

[16] 张卓玉．对劳动教育体制机制建设的思考 [N]. 中国教育报，2020-04-01（12）.

[17] 汪洋．在动手动脑中培养时代新人 [N]. 中国教育报，2020-04-01（12）.

[18] 王福强．为师生赋能：魅力校园的构建智慧 [M]. 上海：华东师范大学出版社，2020：113.

[19] 王国维．论教育之宗旨 [J]. 济南汇报 .1903(32)：5-6.

[20] 苏霍姆林斯基选集 (第 1 卷)[M]. 北京：教育科学出版社，2001：104.

[21] 习近平在乌鲁木齐接见劳动模范和先进工作者、先进人物代表向全国广大劳动者致以"五一"节问候 [N]. 人民日报，2014-05-01(01).

[22] 郭立场．让劳动教育塑造年青一代美好未来 [J]. 重庆与世界，2018(20).

[23] 王洪贵．立德树人视野下劳动教育的功能定位及实践 [J]. 教育理论与实践，2020，40(26).